W0188954

gutes leben

bene!

Für Claudia,
den für mich beeindruckendsten Menschen
auf dieser Welt

BODO JANSSEN

VERTRAU DIR SELBST
UND DU SCHAFFST
(FAST) ALLES

Ein Buch *voller Hoffnung* für alle,
die an sich selbst zweifeln

INHALT

Wege entstehen dadurch, dass man sie geht.
Antonio Machado

Es kommt nicht so sehr auf die Bedingungen an,
die wir vorfinden,
sondern darauf, was wir aus ihnen machen.
Bodo Janssen

PROLOG

»*Viele Jahre lang hat mein Bruder von unseren Eltern immer die meiste Aufmerksamkeit bekommen. Das war ich gewohnt. Die ganze Zeit über war ich gefühlt ›zweite Wahl‹.*

Und manchmal habe ich gedacht: ›Ihr werdet schon sehen, was ihr davon habt‹, wenn ich mich wieder einmal zurückgesetzt oder ungerecht behandelt gefühlt habe.

Ich möchte so gerne beweisen, dass ich auch etwas kann, dass ich bis ganz nach oben komme, wenn ich es will. Ich kann sehr stur sein. Denn mir ist klar: Irgendwann werde ich es bereuen, wenn ich die Chancen, die sich mir bieten, nicht nutze. Und ich weiß: Bereuen ist das Schlimmste.«

Als ich diese Sätze eines Tages unvermittelt aus dem Mund einer jungen Mitarbeiterin höre, treffen sie mich wie ein Blitz. Ich bin erschüttert. Und ich glaube, irgendetwas tief in meinem Inneren offenbart sich mir in diesem Moment, so tief berührt bin ich.

Schon Jahre zuvor hatte ich ein anderes Schlüsselerlebnis, das mich überhaupt erst auf die Spur gebracht hat, die mich fortan nicht mehr losgelassen hat: Auf einer Unternehmerversammlung sollte ich einen Vortrag halten. Da ich etwas früher vor Ort war, bekam ich mit, wie einige Anwesende über die junge Generation und deren Zukunftsperspektiven herzogen. Der Tenor: »Die Jugendlichen hierzulande bringen doch überhaupt nichts mehr auf die Reihe. Wenn man junge Leute als Auszubildende einstellt, dann hat man danach ein echtes Problem.« Eine Geschäftsführerin sagte: »Die können nichts, wollen nichts und stellen gleichzeitig jede Menge Forderungen. Und der Mehrzahl von ihnen kann man im Gehen die Schuhe besohlen. Ich hole mir lieber junge Menschen aus Spanien in den Betrieb, die sind günstiger und fleißiger.« Andere Unternehmer sagten:»Wir bilden überhaupt nicht mehr aus. Das können wir uns gar nicht erlauben.«

Das zu hören, machte mich total betroffen. Einiges von dem, was geschildert wurde, konnte ich überhaupt nicht nachvollziehen. Und ich dachte für mich:»Das darf doch nicht wahr sein, wie ihr hier über die jungen Menschen sprecht!«

Auf dem Heimweg kreisten viele Gedanken in meinem Kopf, weil ich die Auszubildenden in meinem eigenen Betrieb zugegebenermaßen bislang gar nicht wirklich im Blick hatte. Ich nahm mir vor, dies umgehend zu ändern und mir baldmöglichst ein eigenes Bild zu machen.

Ich sprach mit Ausbildern und achtete ganz bewusst auf die Auszubildenden, denen ich im Alltagsbetrieb über den Weg lief. Das Ergebnis war ernüchternd: Als ich sah, wie viele junge Menschen mit hängenden Schultern und eingezogenem Kopf durch die Gegend liefen, musste ich feststellen: Es scheint tatsächlich so zu sein, wie ich es auf der Zusammenkunft gehört habe! Wenn ich die jungen Leute ansprach, schauten die meisten erst einmal nach unten. Einige von ihnen – so hörte ich auf Nachfrage von ihren Ausbildern – kamen öfters zu spät, andere waren auch sonst unzuverlässig und meldeten sich häufiger krank. Und ich dachte:»Woher kommt denn ein derartiges Verhalten?«

In der kommenden Zeit beschäftigte ich mich unter anderem mit den Erkenntnissen von Gerald Hüther, Professor für Neurobiologie, der zu den führenden Wissenschaftlern auf dem Gebiet der experimentellen Hirnforschung zählt. Er sagt zu den Ursachen von mangelndem Verantwortungsbewusstsein:»Die sozialen Beziehungen sind brüchig geworden, und nur noch wenige Menschen entwickeln sichere emotionale Bindungen. Grundhaltungen wie Achtsamkeit, Behutsamkeit, Bescheidenheit, Aufrichtigkeit, Einfühlungsvermögen und Verantwortungsbewusstsein können nur dort gedeihen, wo Menschen einander wichtig sind. Kinder, denen es nicht gelingt, solche inneren Haltungen auszubilden, bleiben orientierungslos.«[1]

Einem jungen Menschen wird bis zu seinem 18. Geburtstag von seinen Eltern, Lehrern, Trainern und Ausbildern mehrere Tausend Mal gesagt, was er alles nicht kann. Viele werden kleingemacht, im Versagen bestärkt – aber nicht im Wagen und Gelingen. Kinder und Jugendliche bekommen das »aufgedrückt«, was ihre vermeintlichen Vorbilder sich selbst nicht zugetraut, was sie verpasst oder im eigenen Leben nicht erreicht haben. Sprüche wie »Das kannst du nicht«, »Lass es lieber gleich sein« oder »Das haben wir schon immer so gemacht« gehören zur Tagesordnung.

Diesen Kindern und Jugendlichen fehlt später oft der Mut, sich selbst etwas zuzutrauen. Als Erwachsene zögern sie, sich zu engagieren und sich neuen Herausforderungen zu stellen. Das zu verwirklichen, wofür ihr Herz schlägt. So bleiben viele hinter ihren eigentlichen Möglichkeiten zurück.

Nur wenn jemand an mich und meine Talente glaubt, gewinne ich Selbstvertrauen. Und nur dann, wenn ich hinter dem stehe, was ich tue – wenn es mir sinnvoll erscheint –, dann bin ich auch bereit, Verantwortung zu übernehmen. Dabei ist entscheidend, dass ich mir meiner selbst und meiner Würde bewusst bin. Denn nur dann habe ich das Gefühl, dass ich der Aufgabe, vor der ich gerade stehe, innerlich gewachsen bin.

Aus Sicht von Gerald Hüther ist Würde »eine Art innerer Kompass, mit dessen Hilfe wir unser Leben und unser Zusammenleben so gestalten, damit es für uns selbst, aber auch für die anderen gut ist. Damit jeder Mensch die in ihm angelegten Potenziale entfalten, sich ein Leben lang weiterentwickeln kann. Das aber kann nur gelingen, wenn wir uns selbst als Gestalter erleben ...«[2]

Bei vielen jungen Menschen, die ich in letzter Zeit beobachtet habe, scheint beides zu fehlen: das Bewusstsein für die eigene Würde und damit einhergehend auch ein gesundes Selbstvertrauen. Damit lassen sich die hängenden Schultern und der schleppende Gang erklären – ebenso wie der gesenkte Blick.

Was müsste passieren, damit sich etwas ändert? Könnten Schulungen zum Thema Selbstbewusstsein das leisten? Der Besuch eines Vortrags, ein persönliches Gespräch? Irgendwie glaube ich nicht, dass all dies wirklich nachhaltig hilft. Es müsste ein viel stärkerer Impuls sein, etwas, was diese jungen Menschen wachrüttelt und ihnen bewusst macht, welche Kräfte eigentlich in ihnen stecken.

Wie war das bei mir? Was hat mich auf meinem bisherigen Lebensweg wirklich vorangebracht? Oder besser: wer? Noch habe ich nicht auf alle Fragen Antworten. Aber eines weiß ich: Wenn es vielleicht nur eine einzige Person braucht, die an diese jungen Menschen glaubt, dann will ich diese Person sein. Ich will meinen Auszubildenden eine Chance geben und sie darin bestärken, dass sie etwas wert sind, damit sie Selbstbewusstsein gewinnen und sich dadurch ihr Leben positiv entwickelt. Und ich will ihnen Mut machen, dass sie fast alles erreichen können, wenn sie nur wollen!

In einer guten Familie erhalten die Kleinsten die größte Aufmerksamkeit – warum kann dies nicht auch in einem Unternehmen so sein? Das ganze Schimpfen auf die junge Generation führt zu nichts. All das, was wir über die jungen Menschen sagen, hält uns bloß selbst den Spiegel vor, denn wir tragen mit unserem Verhalten, mit unserem Tun und Lassen, auf jeden Fall eine Mitverantwortung für das, worüber wir uns beschweren. Und es liegt deshalb auch an jedem von uns, das Blatt zu wenden. Denn indem wir an einen Menschen glauben und ihm eine Chance geben, öffnen wir ihm die Tür zu einem gelingenden Leben.

Ich bin davon überzeugt, dass junge Menschen in unserer Gesellschaft ein viel zu schlechtes Image haben, dass sie völlig zu Unrecht als unmotiviert und antriebslos, als passiv und gleichgültig gelten und sich hinter der Fassade echtes Potenzial verbirgt. Eine Generation, die angeblich alles will, aber nichts zu geben bereit ist – dass das nicht stimmt, will ich beweisen – vor allem den Jugendlichen selbst.

Denn ich bin mir sicher, dass viel mehr in den jungen Menschen steckt, als viele Erwachsene glauben. Und je mehr ich darüber nachdenke, merke ich: Es geht keinesfalls nur um junge Menschen. Auch viele, sehr viele Erwachsene leiden darunter, dass sie zu wenig Beachtung finden, dass man ihnen einfach kaum etwas zutraut. Und ich spüre, dass auch ich selbst nicht frei von Zweifeln bin.

Wie ist es um dein Selbstbewusstsein bestellt? Weißt du um deine besonderen Fähigkeiten? Oder leidest du insgeheim darunter, dass andere oder du selbst dir zu wenig zutrauen?

Mit diesem Buch lade ich dich auf eine Reise zu deinen persönlichen Kraftquellen und den möglichen Ursachen für dein mangelndes Selbstvertrauen ein.

Ich möchte dir die Gelegenheit geben, zu entdecken, was deine Potenziale sind, aber auch, was dich daran hindern könnte, diese auszuleben.

An vielen Stellen lasse ich in diesem Buch die jungen Menschen, mit denen ich in den letzten Jahren unterwegs war, selbst zu Wort kommen. Einfach deshalb, weil ich es wichtig finde, dass ihre Stimme gehört wird.

Bodo Janssen

1 | ALLES MUSS GELINGEN

Wir leben in einer Gesellschaft, die gern auf Nummer sicher geht und in der es gilt, ein Scheitern um jeden Preis zu vermeiden. Überall werden deshalb gerne große Sicherheitsnetze gespannt und Risiken minimiert. Das meiste ist in unserem Land reglementiert und wohlgeordnet, damit es möglichst perfekt läuft. Alles soll gelingen: Bereits im Kindergarten sollen die Kleinsten glänzen. Später müssen die schulischen Leistungen stimmen. Nachmittags gehen unsere Jüngsten zum Musikunterricht, in den Chor, in den Sportverein oder zur Nachhilfe. Manche ehrgeizigen Eltern verplanen und fordern ihren Nachwuchs quasi dauerhaft. Die Tage ihrer Kinder sind vollgepackt mit Verpflichtungen und Terminen. Meistens bleibt kaum freie Zeit dafür, einfach einmal die Seele baumeln zu lassen, mit Freunden um den Block oder durchs Dorf zu ziehen oder allein durch die Wiesen zu stromern, so wie ich es als Kind und Jugendlicher am liebsten getan habe.

Unser Schulsystem ist vor allem darauf ausgerichtet, wiederholbares Wissen zu vermitteln und Leistungen zu vergleichen. Da gibt es oft nur Richtig oder Falsch. Diejenigen, die am besten erfüllen können, was gewünscht wird, sind die Guten und werden belohnt. Wenn du in der Schule gute Leistungen erbringst, bekommst du Aufmerksamkeit und Anerkennung. Und wenn nicht, hast du wenig Ansehen unter den Klassenkameraden und Freunden und fühlst dich schlecht. Für jemanden, der aus dem bestehenden System ausscheren und aus der Reihe tanzen will, ist jedenfalls kein Platz; weder in der Schule noch in der Gesellschaft. Viele, die den Leistungsanforderungen nicht genügen, fallen deshalb oft schon in der Grundschule, spätestens aber beim Eintritt in eine höhere Schule schlicht durchs Raster. Das Urteil lautet: Die Leistungen genügen nicht. Das muss besser werden. Dabei nehme ich leider viel zu selten wahr, dass Kinder zunächst einfach Kinder sein dürfen.

Oft geht es den Eltern bei dieser intensiven Art der Förderung vor allem darum, dass ihre Kinder sich in der Leistungsgesellschaft überhaupt behaupten können. Aber nicht selten müssen Kinder mit all ihrem Tun auch die unerfüllten Träume ihrer Eltern verwirklichen. Sie sollen hervorragende schulische Leistungen bringen und sich in ihrer Freizeit auf vielfältige Weise fortbilden, Musikinstrumente spielen lernen oder sportliche Erfolge vorweisen – weil dies den eigenen Eltern versagt blieb.

»Du sollst es später einmal besser haben als ich!«, – ist der tradierte, von den Eltern und Großeltern übernommene Merksatz, der hinter solchem Verhalten steht. Ein Satz, der in einer Zeit entstanden ist, in der er eine Berechtigung hatte – in der Nachkriegszeit. Damals sind viele Menschen in einer Situation aufgewachsen, die von Mangel geprägt war. Aus dieser Zeit stammen auch Sprichwörter wie »Nicht geschimpft ist schon gelobt«, »Ohne Fleiß kein Preis« und Aussagen wie »Ein Indianer kennt keinen Schmerz«. Ich nenne so etwas gerne Glaubenssätze. Weil sie so oft wiederholt werden, bis wir schließlich glauben, dass sie wahr sind. Die ungeschriebenen Gesetze der Leistungsgesellschaft fordern, dass wir fleißig und hart gegen uns selbst sind. Einfach besser als andere, auf jeden Fall herausragend gut, möglichst unersetzbar. Und wenn jemand anderes besser ist, können wir damit gar nicht umgehen.

Auf der Suche nach dem Glück des Lebens

Immer wieder wird uns suggeriert, dass das Glück, nach dem wir alle streben, etwas ist, was in der Zukunft liegt. Und diese gedankliche Ausrichtung auf das »Später« nimmt uns, genauso wie die häufige Rückschau in die Vergangenheit (nach dem Motto »Früher war alles besser …«), die Fähigkeit, gegenwärtig zu sein. Weil ich immerzu darauf ausgerichtet bin, etwas zu tun, was dazu führt, dass ich später einmal glücklicher sein werde, komme ich gar nicht mehr dazu, mein Leben zu leben. Ich versäume auf diese Weise, in mich hineinzuspüren, was hier und jetzt – in diesem Augenblick – geschieht und für mich dran ist.

Wir jagen dem vermeintlichen Glück permanent hinterher, um mit unseren Leistungen immer wieder auf ein imaginäres Konto einzuzahlen. Ein Erfolgskonto, von dem wir nicht einmal sicher wissen, ob es später überhaupt zur Auszahlung kommt. Und unterwegs kippt dann leider oftmals, mitten im Vorwärtsstreben, die Situation. Vielleicht, weil ich einfach nicht mehr weiterweiß oder äußere Umstände mich dazu zwingen, stehen zu bleiben. Oder ich erkenne, dass ich einem Trugbild hinterhergejagt bin. Auf dem Weg zum scheinbaren Himmel wird so das Leben nicht selten zur Hölle.

Möglichst alle Kinder und Jugendlichen sollen in der Schule optimale Leistungen bringen, später studieren und auf der Karriereleiter emporklimmen. »Von nichts kommt nichts«, suggeriert das Sprichwort. Und elterliche Liebesbekundungen gibt es vor allem für Leistung.

Wenn die Kinder dem Ideal der Eltern entsprechen, wenn sie gute Noten nach Hause bringen und systemkonform »funktionieren«, dann ist alles gut. Aber sobald sie sich diesem Rahmen entziehen, bekommen sie plötzlich keine Anerkennung mehr.

Das kommt in den besten Familien vor. Deshalb sind viele Menschen auch derart auf Anerkennung bedacht.

Kaum einer fühlt sich frei davon, so zu handeln, wie es ihm vorgelebt und von klein auf von ihm verlangt wurde. Viele bekommen ausschließlich für ihre Leistung Anerkennung – und nicht für ihr bloßes Sein. Aber ergibt das Sinn?

Eine Überforderung entsteht häufig auch durch unbewusste Verhaltensmuster. Es fällt uns gar nicht auf, dass wir andere oder uns selbst zunehmend überfordern. Die Redewendung: »Das Gegenteil von gut ist nicht böse, sondern ›gut gemeint‹«, macht nachdenklich. Vielleicht meinen manche Eltern es mit ihrem Kind einfach viel zu gut? Und weil sie zu wissen gla uben, was für ihr Kind gut ist, bauen sie bewusst oder unbewusst Druck auf. Dahinter steckt nicht selten eine idealisierte, egozentrische oder materialistische Vorstellung von dem, was gutes Leben oder Erfolg – je nachdem, was wir im Fokus haben – wirklich ausmacht. Ich erlebe Eltern, die ihre Kinder so stark fordern, dass sie auf Dauer gar nicht anders können, als sich zu verweigern oder an den Anforderungen zu zerbrechen.

Andere lassen ihre Jüngsten kaum etwas alleine unternehmen, aus Angst, dass ihnen etwas passieren könnte. Und nicht wenige nehmen sich schlicht zu wenig Zeit für ihre Kinder, so wie es auch mir bei meinen Kindern manchmal passiert. Das ist die traurige Wahrheit. Bei einigen geschieht dies aus einer Gleichgültigkeit heraus, aus Bequemlichkeit. Andere können es einfach nicht. Sie haben selbst keine gute Kindheit erlebt, und es mangelt an Vorstellungskraft, wie es gehen könnte, nun dem eigenen Nachwuchs den Weg zu einem gelingenden Leben aufzuzeigen. Wieder andere sind ganz auf die Erfüllung der eigenen Ansprüche fixiert. Denn ihr Leben dreht sich vor allem um das eigene Ego. Alles erscheint ihnen wichtiger als die Bedürfnisse ihrer Kinder. Diese stören die Pläne der Erwachsenen, nerven mit ihren kindlichen Ansprüchen und halten von dem ab, was jetzt gerade wichtiger erscheint; und das ist nicht selten einfach nur der Blick aufs Smartphone. Selbstverwirklichung wird auf Kosten anderer realisiert. Dieses weitverbreitete und vollkommen auf sich selbst ausgerichtete »Ich, ich, ich« hinterlässt eine Spur der Verwüstung und hat das Zeug dazu, unser gesellschaftliches Miteinander aus dem Gleichgewicht zu bringen.

Ich beobachte dieses Verhalten häufig. Und es hat den Anschein, als ob sich einige Eltern erst viel zu spät überlegen, was es eigentlich bedeutet, ein Kind auf dem Weg ins Leben zu begleiten. Wo das »Ich, ich, ich« der Eltern bei der Lebensplanung stets im Vordergrund steht, nimmt ihr Schatten den Kindern die Sonne zum Wachsen. Das Perfide daran ist, dass sich die wenigsten Eltern darüber im Klaren sind – und vieles einfach unbewusst geschieht.

Wie haben deine Eltern oder deine Lehrer reagiert, wenn du den Erwartungen nicht genügt hast oder schlechte Noten mit nach Hause gebracht hast? Und wie gehst du selbst heute mit den Leistungen deiner eigenen Kinder oder deiner Mitmenschen um?

Auf der anderen Seite ist das Gras vermeintlich grüner

Manche scheinen ihr Leben nur noch für ein imaginäres Publikum zu inszenieren, bei dem es darauf ankommt, sich möglichst gut zu präsentieren. Für diese Menschen bemisst sich Erfolg daran, dass sie besser sind als ihr Gegenüber, Nachbar oder Kollege. Die sogenannte soziale Beschleunigung, die ihren Ursprung im Wettbewerb zu anderen hat, führt zu einer gewissen

Oberflächlichkeit und dem Verlust der Fähigkeit, sich auf das wirklich Wesentliche zu besinnen. Dieses permanente *Höher, Schneller, Weiter* hat vielerorts schon krankhafte Züge angenommen. Da ist das Gefühl, sich im Wettbewerb mit anderen ständig behaupten zu müssen und deshalb höher auf der Karriereleiter steigen, schneller vorankommen und weiter springen zu müssen als die eigenen Geschwister, die Freunde, die Nachbarn oder die Kollegen. Ein *immer mehr*, das keine Grenzen kennt, weil es stets noch einen nächsten Schritt gibt, den man auch gerne gehen würde, weil andere es uns vormachen.

Vielleicht erinnerst du dich noch an die Sparkassenwerbung, einen kleinen Film, in dem ein Mann seinem alten Klassenkameraden voller Stolz Fotos zeigt: »Mein Haus, mein Auto, mein Boot« – und sich daran freut, wie der andere große Augen bekommt, weil die Bilder nicht irgendein Haus, sondern eine Prachtvilla zeigen – dazu einen Traumwagen, eine schmucke Jacht. Größer, schöner, teurer als all das, was der andere sein Eigen nennt.

Die Geschichte ist derart übertrieben dargestellt, dass sie uns im ersten Moment zum Lachen bringt. Aber dahinter steckt bitterer Ernst, und ich bin mir sicher, dass sich solche Geschichten in anderer Form jeden Tag irgendwo abspielen. Eines ist sicher: Es gibt Menschen, die scheinen tatsächlich permanent mit einem Auge dorthin zu schielen, wo das Gras vermeintlich grüner und besser wächst, im Gegensatz zu ihrem eigenen Garten. Aber das dauerhafte Vergleichen mit anderen ist eine wesentliche Ursache vieler Probleme, die wir uns selbst bereiten. Dass wir uns im Rennen unseres Lebens viel zu wenig oder gar nicht mehr ausruhen, aus purer Angst davor, überholt zu werden oder etwas zu verpassen.

Unbewusst schauen wir vor allem auf die Außenwirkung unseres Lebens und machen unseren Lebensrhythmus davon abhängig, anderen zu gefallen. Wir befürchten, schief angesehen zu werden, und verbiegen uns, um der vermeintlichen Norm zu entsprechen. Auf diese Weise werden wir gelebt, anstatt selbstbestimmt zu leben.

Ein Grund, weshalb wir uns ständig mit anderen vergleichen wollen, liegt in einem mangelnden Selbstvertrauen. Menschen mit einem starken Selbstvertrauen sind eher unabhängig von den Meinungen anderer.

Das, was durch den Wettbewerb mit anderen entsteht, ist Druck. Obwohl sich eigentlich jeder wünscht, selbstbestimmt zu leben, geraten wir in eine Abhängigkeit von der Meinung anderer Menschen. Irgendwie passt das damit einhergehende Verhalten und das, wonach sie sich die Menschen wirklich sehnen, nicht zusammen.

Wie schön wäre es, jeden Tag ein wenig freier von den Meinungen anderer zu leben?

Der Satz »Was werden die Nachbarn sagen?« stammt aus einer vergangenen Zeit, in der manches besser verheimlicht werden sollte, um in der Dorfgemeinschaft bestehen zu können. Heute geht es um etwas ganz anderes: Alle sollen sehen, was wir haben! Und wir befürchten, nicht gut genug dazustehen und in den Augen der anderen den gängigen Vorstellungen von einem gelingenden Leben nicht zu genügen. Vielleicht weil unser Auto schon einige Jahre auf dem Buckel hat, die Couchgarnitur bereits ziemlich abgenutzt wirkt und die Kleidung, die wir tragen, aus der Mode gekommen ist.

Wer glaubt, nicht mithalten zu können, hat den inneren Antreiber permanent auf seiner Schulter sitzen. Ein schiefer Blick der Freundin oder der Kollegen genügt dann oftmals schon, um das innere Kartenhaus ins Wanken zu bringen. Denn vielleicht hat er oder sie ja recht, und ich muss dringend etwas unternehmen, um der vermeintlichen Norm zu entsprechen. Dabei ist das, was die anderen über uns denken oder sagen, doch in der Regel ziemlich bedeutungslos. Viel interessanter ist es, sich zu fragen: Was braucht es wirklich, um glücklich zu sein? Was ist das, was wirklich zählt?

Oft wird der Begriff »gutes Leben« an hohen materiellen Ansprüchen und äußeren Faktoren festgemacht. Aber dies ist ein Trugschluss. In den meisten Fällen geht es ja nicht um Überlebensnotwendiges, sondern um das gewisse *Mehr*. Um Statussymbole jeder Art, meist teure Dinge, die uns vermeintlich glücklich machen. Dabei ist es wichtig, sich immer wieder bewusst zu machen: Etwas Bestimmtes zu besitzen, bedeutet immer auch, dass ich mich darum kümmern muss. Jeder Besitz, jede neue Anschaffung fordert Aufmerksamkeit und meist auch Pflege. Wer glaubt, dass mit der Traumvilla oder dem teuren Sportwagen die Wünsche und Sorgen an ein Ende kommen, täuscht sich. Dann fangen sie oft erst an. Besonders schlimm ist es, wenn dann das Budget überreizt wird, weil man sich etwas wirklich Gutes gönnen will. Weil es genau dieses superschicke Teil sein muss, das gerade »alle« haben. Und das, was wir an Besitz anhäufen, hält uns oftmals davon ab, für die Menschen da zu sein, die uns wirklich wichtig sind.

Wie viel deiner Lebenszeit investierst du in Dinge? Und wie viel in Menschen? Wie bedeutsam ist das für dich, was die »Nachbarn« sagen?

Vielleicht ist es sinnvoller, lieber auf das ein oder andere zu verzichten, das in unserem Umfeld gerade angesagt ist, und nicht bei dem Wahnsinns-Konsum-Marathon mitzurennen?

Die durch die Corona-Pandemie ausgelöste Krise hat aufgezeigt, was wir wirklich zum Leben brauchen: Pasta, Mehl, Hefe, Dosentomaten, Seife und Klopapier. Auf einmal war es auch nicht mehr wichtig, eine bestimmte Sorte Nudeln – die Lieblingsmarke oder Eiernudeln – zu bekommen. Dass es überhaupt Nudeln gab, war schon großartig! Ich schreibe dies mit einem Augenzwinkern, um deutlich zu machen, wie schnell sich das Thema »begehrenswert« wandelt, wenn sich unsere Lebensumstände ändern.

Wer in dem Glaubenssatz »Was werden die Nachbarn sagen?« gefangen ist, dem fällt es schwer, auf sich selbst und seine echten Bedürfnisse zu achten. Ganz unbewusst ruft uns ein innerer Antreiber immer wieder zu neuen Spitzenleistungen, denn Erfolg drückt sich hierzulande vor allem in Besitz aus – und das bedeutet Ansehen. Sich eine Blöße zu geben und einen Gesichtsverlust zu riskieren, das kommt für viele allein deshalb nicht infrage, weil wir es uns vermeintlich nicht leisten können. Und Sätze wie »Mit dem Wettbewerb ist es wie mit dem Rudern gegen den Strom; wer aufhört, treibt zurück«, führen uns in eine Endlosspirale, in der wir rudern und rudern – statt auf unser Herz zu hören und rechtzeitig auszusteigen, bevor es an unsere Substanz geht. Eines ist klar: Wer mithalten will, darf sich keine Pause gönnen. Denn dann ziehen andere vielleicht vorbei. So versuchen wir, unseren Alltag so weit wie möglich effizient zu gestalten und zu optimieren, damit wir im Wettbewerb bestehen können. »Schaut her – ich bekomme das hin«, »Ich bin wichtig«, scheinen viele mit ihrem Verhalten signalisieren zu wollen. Dabei merken sie nicht, dass sie sich bei alldem zunehmend erschöpfen. Oftmals reicht eine kleine Störung, um das fragile, selbst errichtete Kartenhaus eines durchgetakteten Tages in sich zusammenfallen zu lassen. Sich das einzugestehen, ist genauso schwer, wie es wehtut. Denn es darf ja nichts geschehen, was das bestehende Lebensmodell gefährdet. Nichts darf dazwischenkommen, denn das passt nicht in das Bild, das ich mir vom Leben gemacht habe: die Vision, dass es vorangehen muss, um irgendwann dort anzukommen, wo vermeintlich das ewige Glück, das Paradies auf uns wartet. So fühlen wir uns gezwungen, persönliche Grenzen und das richtige Maß dauerhaft zu missachten. Und wir sorgen dafür, dass uns die Arbeit, über die wir oft klagen, niemals ausgeht. Dabei spielt es doch überhaupt keine Rolle, ob ich zurücktreibe oder nicht, wenn ich Gefahr laufe, durch meinen Dauereinsatz selbst auf der Strecke zu bleiben! Denn während beim Rennen um das Glück des Lebens mein Schein glänzt, verliert mein Sein immer mehr an Boden und Bedeutung.

In der Dauerschleife

Der von außen formulierte Anspruch, das permanente Jonglieren mit zu hohen Anforderungen in Beruf und Familie, führt oft dazu, dass zu wenig Zeit für ein gutes Gespräch mit dem Partner oder das Spiel mit den Kindern bleibt. Weil viele einfach zu müde sind, um sich darauf einzulassen, entfremden sie sich zunehmend von dem, was Elternsein, Partnerschaft oder Freundschaft eigentlich ausmacht. Sie verlieren den Draht zu den Menschen, die ihnen wichtig sind, und haben das Gute nicht mehr im Blick. Und sie nehmen sich auch nicht mehr die Zeit, die es braucht, um wirklich zuzuhören und zu verstehen, was den ihnen anvertrauten Menschen am Herzen liegt. Auf diese Weise ruinieren sie ihre Beziehungen, und anstatt in Gemeinschaft zu leben, leben sie nebeneinanderher.

Es macht mich betroffen und traurig, auch aus eigener schmerzhafter Erfahrung im Umgang mit meinen Kindern, dass durchaus einige Eltern genervt sind, wenn ihre Kinder sie etwas fragen oder um etwas bitten! Dass sie mit genauso vielen Worten wie Gesten zum Ausdruck bringen: »Ach, du bist lästig. Das ist anstrengend mit dir. Lass mich in Ruhe!« Kinder bekommen so etwas immer wieder zu hören und zu spüren – nur weil sie ihren Eltern und deren Bedürfnissen in die Quere kommen. Und die Kinder empfinden das irgendwann selbst genauso. Sie haben das Gefühl: »Ich bin einfach nicht wichtig« oder »Ich genüge nicht«.

Dabei liegt es gar nicht an ihnen, sondern an den Umständen, die sich viele Eltern selbst geschaffen haben. Dass in deren Leben einfach zu wenig Raum für die Kinder ist. Am Ende sind diese Eltern dann tatsächlich oder gefühlt derart belastet, dass sie ihren Nachwuchs nur noch als zusätzliche Herausforderung und deshalb als lästig wahrnehmen.

Fragwürdige Entwicklungen

Wie selbstverständlich übertragen wir die Verantwortung für die Erziehung an andere – an Erzieherinnen, Lehrer oder später den Ausbildungsbetrieb – und sind oftmals nicht dazu bereit, bei uns zu Hause anzufangen. Bei uns selbst. Häufig suchen wir die Ursachen für Fehlentwicklungen bei unseren Mitmenschen. Dabei ist es ein weitverbreiteter Irrtum, dass irgendwelche Institutionen, Erzieher, Lehrerinnen und Ausbilder dafür verantwortlich wären, dass unsere Kinder sich gut entwickeln. Die Vorwürfe, die wir anderen machen, spiegeln oftmals vor allem unsere eigenen Versäumnisse wider. Denn wir Eltern tragen eine Verantwortung, die wir nicht delegieren können! Wer könnte Kindern und Jugendlichen besser dabei behilflich sein, Antworten auf die wesentlichen Fragen des Lebens zu finden?

Wenn ich als junger Mensch selbst nicht erfahre, wie ein Leben in einer intakten Familie aussieht, dass sich meine Eltern liebevoll und fürsorglich um mich kümmern, dann wird es mir schwerfallen, gut für die nächste Generation zu sorgen. Mir fehlen die Vorbilder.

Die gesellschaftlichen Folgen der Fehlentwicklungen stimmen micht traurig. Wie vielen Kindern geht es so, dass sie nach Hause kommen und erleben müssen: Es ist niemand da. Früher hat man sie »Schlüsselkinder« genannt. Sie sind tatsächlich oft mit einem Wohnungsschlüssel am Band herumgerannt, damit sie ihn nicht verlieren. Kinder, die so groß werden und oft alleine sind, leiden manchmal unter der diffusen Angst, die Eltern könnten nicht wiederkommen.

In unserem Bekanntenkreis gibt es ein verheiratetes Paar, dessen Kind in die Grundschule geht. Beide Eltern können sich ihre Arbeitszeit komplett selbst einteilen. Leider haben sie es trotzdem bislang nicht verstanden, sich so zu organisieren, dass sie, wenn das Kind aus der Schule kommt, als Familie gemeinsam essen. Ihr Kind kommt mittags nach Hause, und keiner von beiden ist da. Dann schneidet es sich meistens eine Tüte mit einem tiefgekühlten Fertiggericht auf und macht sich in der Mikrowelle oder im Backofen etwas zu essen. Als ich vor Kurzem dieses »Schlüsselkind« von der Schule nach Hause gehen sah, kamen mir bei der Vorstellung, dass dort niemand auf es wartet, einfach nur die Tränen.

In unserer Gesellschaft gibt es aber noch ganz andere Entwicklungen. Untersuchungen zeigen, dass manche Kinder es überhaupt nicht mehr gewohnt sind, mit der Familie gemeinsam an einem Tisch zu essen. Auf dem Sofa wird die Pizza aus dem Karton oder die Lasagne aus der Aluschale gefuttert. Jeder isst, wann er mag. Wie traurig ist das denn, wenn Kinder nicht die Erfahrung machen, dass man das, was man hat, als Familie am Tisch teilt? Die gemeinsame Mahlzeit ist die Gelegenheit, miteinander ins Gespräch zu kommen und voneinander zu erfahren. Und ich denke, dass es genauso schlimm ist wie das permanente Jagen nach Erfolg, wenn sich Eltern innerlich hängen lassen.

Manche Jugendliche bleiben leider mit ihren Sorgen alleine, und wir schenken ihnen erst dann Aufmerksamkeit, wenn größere Probleme zutage treten: wenn aus Langeweile und dem Gefühl des Nicht-angenommen-Seins Gewalt entsteht oder einige sogar in psychische Störungen bis hin zu Suchtkrankheiten abrutschen.

Eine mangelnde Fürsorge für Kinder in sozial schwachen und solche in begüterten Familien kann völlig unterschiedliche Ursachen haben – das ist klar. Und es fehlt hier der Raum, um die Probleme differenzierter zu beleuchten. Eines steht fest: Wir neigen leider dazu, an den Symptomen mancher gesellschaftlicher Entwicklungen herumzudoktern, statt uns rechtzeitig um die Ursachen zu kümmern. Und es verwundert nicht, dass junge Menschen, denen man nie etwas zugetraut hat, irgendwann mit Gewalt gegen sich und andere reagieren. Oftmals werden dann bessere Regeln oder ein stärkeres staatliches Durchgreifen gefordert. Aber eigentlich müsste man viel früher ansetzen und rechtzeitig hinschauen, wie Mütter und Väter ihre Elternrolle wahrnehmen. Wie man ihnen eventuell dabei helfen kann, ihre Rolle besser auszufüllen.

2 | DU BIST GEMEINT!

Im Nachdenken über diese Thematik wird mir mehr und mehr klar, dass ich jungen Menschen Mut machen will. Unbedingt! Sie sollen für sich erfahren, dass ungeahnte Kräfte in ihnen schlummern – dass sie Begabungen und Talente haben, die ihrem Leben eine neue Perspektive geben. Dass sie einen wesentlichen Beitrag leisten können, um etwas in Bewegung zu bringen. Der Plan ist gefasst. Nur das *Wie* ist noch nicht klar.

Dann treffe ich bei einem Vortrag in Berlin den Extremsportler Hubert Schwarz. Ein faszinierender Mensch. Mehrfach hat er das *Race Across America* gemeistert, ein jährlich ausgetragenes Radrennen, das von der Westküste der Vereinigten Staaten zur Ostküste verläuft – über eine Distanz von rund 5000 Kilometern. Der erste deutsche Finisher überhaupt! Und das bei einer Gesamthöhendifferenz von rund 52 000 Metern! Am Berg beweist Hubert nicht nur Ausdauer, sondern vor allem Führungsqualitäten. Seit mehr als 20 Jahren begleitet er Gruppen auf den Gipfel des Kilimandscharo und hat gemeinsam mit seiner Frau Renate eine Stiftung gegründet, die Schulprojekte in Afrika unterstützt.

Ich bin beeindruckt, als Hubert Schwarz davon berichtete, wie er Menschen, die alle über 60 Jahre alt sind, monatelang darauf vorbereitet, den höchsten Berg Afrikas zu besteigen. Und sie schaffen es! Als ich die Bilder der Tour sehe, wird mir klar, dass ich gerade die Antwort auf meine Frage gefunden habe, wie es gelingen könnte, dass junge Menschen ein gesundes Selbstvertrauen entwickeln und bisherige Verhaltensmuster überwinden. Plötzlich weiß ich: »Das ist es! Ich besteige mit meinen Auszubildenden und Hubert Schwarz den Kilimandscharo!«

Denn wer das schafft, beweist nicht nur Ausdauer und Leistungsbereitschaft, Leidenschaft und Teamgeist. Wer bis auf den Gipfel kommt, der sprengt alle inneren Blockaden, die er bislang für unüberwindbar hielt.

Mir war schon länger klar, dass es eine utopische, eine für die jungen Menschen nahezu unvorstellbare Herausforderung brauchte. Und nun habe ich den Dreh gefunden, nach dem ich so lange gesucht hatte!

Im Anschluss an den Vortrag spreche ich Hubert Schwarz direkt an und frage ihn, ob er eine solche Tour auch für uns organisieren könnte. Die Ernüchterung folgt auf dem Fuße, denn seine spontane Reaktion lautet:»Nein, das geht nicht. Auf keinen Fall!«

Auch Hubert Schwarz hat ein bestimmtes Bild vor Augen, wenn er an junge Auszubildende denkt: zu wenig Lebenserfahrung, zu wenig Wollen, noch weniger Können. Auch er kennt viele Auszubildende, die unverbindlich und unzuverlässig agieren. Junge Menschen, auf die man sich leider nicht verlassen kann. Und das ist bei einer Extremtour, der Besteigung eines fast 6000 Meter hohen Berges, nun einmal ein absolutes No-Go.

»Denen kannst du das nicht zutrauen. Das ist so, als wolltest du einen Sack Flöhe hüten. Das geht schief. Das ist viel zu risikoreich, viel zu gefährlich. Es bleibt beim Nein«, sagt Hubert Schwarz und lehnt mein Ansinnen nochmals entschieden ab. Doch von meinem Vater habe ich gelernt:»Beim dritten Nein wird es erst interessant.« Deshalb lasse ich nicht locker. Ich habe Feuer gefangen, bin ganz beseelt von der Idee, mit den jungen Menschen meines Unternehmens den Kilimandscharo zu besteigen.

Für mich ist der Berg eine Metapher, ein ganz starkes inneres Bild: aufsteigen, Täler durchschreiten, Hindernisse überwin-

den, stets das Ziel vor Augen. Grenzerfahrungen. Eigenverantwortlich handeln. Und dann am Ende das überwältigende
Gipfelerlebnis. Es gibt keinen Zweifel:»Das ist es. Wir müssen
es wagen!« Hubert Schwarz hört mir zu und verspricht, noch
einmal darüber nachzudenken. Und irgendwann sagt er:»Okay,
wir versuchen es.«

Unüberwindbares Hindernis

In Kühlungsborn stellen wir den versammelten Auszubildenden des Unternehmens, 75 jungen Leuten, das Projekt – die
Tour des Lebens, wie wir sie genannt haben – vor. Die Reaktio-
nen sind unterschiedlich: von Begeisterung –»Wow, was für
eine tolle Gelegenheit!« – über Staunen –»Wieso sollte der Chef
so was mit uns Azubis machen wollen? Und auch noch kosten-
los?« – bis hin zu gleichgültigem Schulterzucken ist alles dabei.
Viele melden sich bei der ersten Frage, wer dabei sein will. Aber
ich merke auch, wie schon bald eine Verunsicherung um sich
greift.

Nach dem Vortrag steht ein Teambuilding auf dem Plan. Die
Azubis werden dazu in kleine Gruppen eingeteilt. An eine Begebenheit erinnere ich mich besonders: Wir haben in einer Höhe
von einem Meter ein Seil gespannt, über das jeder drübersteigen soll. Alle schaffen es. Bis auf eine junge Frau. Für sie ist es
schlicht unmöglich, selbst mithilfe ihrer Kollegen. Sie hat starkes Übergewicht und bewegt sich ungelenk und schwerfällig.
Aber das ist es nicht allein: Sie hat einfach Angst vor der ganzen
Situation – der Übung vor den Augen der anderen – und ist
deshalb zeitweise wie gelähmt.

Warum ich das erzähle? Einige Tage später bekomme ich ihre
Bewerbung für die Tour nach Afrika. Und ich entscheide gemein-

sam mit meiner Frau Claudia, die Ärztin ist, dass die junge Frau mitkommen kann, sofern die anstehenden Gesundheitschecks dies zulassen. Es ist die Entschlossenheit der Auszubildenden, die mich überzeugt. Sie schreibt mir: »Keiner glaubt daran, dass ich es schaffen kann, auf den Kilimandscharo zu steigen«, und: »Ich will es allen zeigen.« Eine andere junge Frau, die sich für die Tour angemeldet hat, hält ihre Erinnerungen an den Tag in Kühlungsborn und die darauf folgenden Wochen später so fest:

MARIE // Gebannt schaue ich auf die Leinwand. Die Aufnahmen zeigen den höchsten frei stehenden Berg der Erde, die weiten Ebenen Tansanias. Mangrovenbäume, in denen Affen umherspringen. Eine fremde Welt. Afrika! Die Bilder sind total beeindruckend. Ich habe vorher noch nie etwas vom Kilimandscharo gehört. Hubert Schwarz, der uns vorhin kurz vorgestellt wurde, spricht über die Strapazen auf dem Weg zum Gipfel, die jedes Jahr an die 1000 Bergsteiger zum vorzeitigen Umkehren zwingen und mindestens zehn Todesopfer fordern. Von vielen Herausforderungen ist die Rede. Ein Aufstieg von knapp 1000 auf 5895 Höhenmeter ist zu bewältigen. Dazu kommt das Risiko, unterwegs an Malaria zu erkranken oder die Höhenkrankheit zu bekommen. Die Bilder zeigen einfache Hütten, in denen übernachtet wird, schlichte sanitäre Einrichtungen, ungewohnte Situationen.

Dann steht auf einmal das Angebot im Raum, dass wir als Auszubildende dazu eingeladen sind, gemeinsam mit unserem Chef Bodo Janssen und dem Extremsportler Hubert Schwarz diesen Berg zu besteigen. Bodo fragt unvermittelt: »Wer traut sich das zu?« – und als sich viele von uns melden, fällt der unglaubliche Satz: »Ja, das machen wir wirklich.«

Mehr als eine Woche werden wir unterwegs sein. Die komplette Ausrüstung wird gestellt. Einfach so, ohne irgendwelche Bedingungen und Verpflichtungen. Wow! Es ist kaum zu fassen, dass dies alles wahr sein soll. Auf jeden Fall verspricht es, ein riesengroßes Abenteuer zu werden! Ich bin direkt Feuer und Flamme.

Wir sollen uns mit einem Anruf, per E-Mail oder Brief, über WhatsApp oder mit einer Facebook-Nachricht bei Bodo bewerben und ihm schreiben, warum wir mitkommen möchten. Was uns bewegt und antreibt, wenn wir an die Tour denken. Und warum wir glauben, dass wir es schaffen können, bis auf den Gipfel zu kommen. Maximal ein Dutzend von uns kann mit nach Afrika reisen. Ich hoffe, dass ich angenommen werde!

Im ersten Moment sind fast alle heiß auf die Tour. Doch dann stellen sich bei den meisten Zweifel ein, ob es wirklich eine gute Idee ist, auf einen so hohen Berg zu steigen. Bodo und Hubert, die uns die Tour vorgestellt haben, sprachen von extremer Hitze und Kälte, Sauerstoffknappheit auf dem Weg zum Gipfel, einfachen Unterkünften und nicht vorhandenen Duschmöglichkeiten. Einige von denen, die sich anfangs begeistert gemeldet hatten, stellen nun für sich fest: »Das wird viel zu anstrengend ... das lasse ich besser sein«; »Das schaffe ich nicht. Ich war ja noch nie in den Bergen, habe bislang keine so weiten Strecken zu Fuß zurückgelegt.« Andere sagen sich: »Lieber nichts riskieren.« Manche winken müde ab: »Ich habe auf so etwas keinen Bock.« Viele sagen einfach gar nichts. Und ich? Ich schreibe Bodo einen Brief und bewerbe mich. Ja, ich will dabei sein!

Auch wenn ich keine Erfahrung in solchen Dingen habe und der Zweifel, ob es eine gute Entscheidung ist, auch an mir nagt. Ich bin sehr unsicher, ob ich es wirklich schaffen kann, den Kilimandscharo zu besteigen.

Erst nach und nach begreife ich, wie unglaublich das Angebot ist, was alles dahintersteckt. Kaum zu fassen! So eine Reise kostet bestimmt ein Vermögen. Und wir bekommen sie einfach geschenkt! Bodo ist durchaus klar, dass viele von uns in einigen Jahren oder vielleicht auch schon früher überhaupt nicht mehr im Unternehmen sein werden. Das hat er gesagt. Deshalb knüpft er auch keinerlei Bedingungen an die Teilnahme – solange medizinisch nichts dagegen spricht. Und das macht sein Angebot noch besser!

Dann kommt die Zusage. Ich gehe das Projekt enorm ehrgeizig an. Aber das Ungewisse setzt mir weiterhin zu. Es ist einfach nicht greifbar, wie es uns in großer Höhe ergehen wird. Und es bleibt die Angst, höhenkrank zu werden. Das geht fast allen so, die ausgewählt wurden. Wir sind uns insgeheim sicher, dass es mindestens einer von uns nicht packt, bis auf den Gipfel zu kommen. Auch im Hotel, in dem ich arbeite, sagen mir viele:»Was ist das denn für ein verrücktes Projekt! Das kann doch nicht gut gehen.« Ich werde belächelt. Und als ich Freunden von dem Vorhaben erzähle, sagen die gleich:»Irgendetwas stimmt da doch nicht. Da muss ein Haken dran sein.« Sie können überhaupt nicht nachvollziehen, dass ein Unternehmen seine Mitarbeiter zu einer derartigen Tour einlädt.

Anders als gedacht

Normalerweise würde man für eine solche Tour vielleicht vor allem diejenigen auswählen, die besonders stark sind, damit das Vorhaben auf jeden Fall gelingt. Oder Menschen, denen man mit Blick auf das Unternehmen auf Sicht eine große Bedeutung beimisst. Man könnte denken: Die zehn, die ich mit auf die Reise nehme, sind deshalb mit dabei, weil ich in ihnen das Potenzial sehe, dass sie im Unternehmen dauerhaft einen wichtigen Beitrag leisten und irgendwann Verantwortung übernehmen können. Weit gefehlt. Mir ist klar: Das sind alles junge Menschen, die in den nächsten Jahren vermutlich ihre eigenen Wege gehen. Die meisten werden das Unternehmen in absehbarer Zeit verlassen. Aber ich will dennoch in diese Menschen investieren. Es soll keine Incentive-Reise werden, keine Belohnung für geleistete Arbeit. Es geht auch gar nicht um wirtschaftliche Überlegungen. Die Tour soll für jede Teilnehmerin und jeden Teilnehmer zu einem wichtigen Impuls für das weitere Leben werden. Etwas, das ihnen im wahrsten Sinne des Wortes auf die Sprünge hilft. Und ich will deshalb vor allem diejenigen mitnehmen, die eine solche Tour auf eine bestimmte Art und Weise brauchen.

Wenn einer der Bewerber sagt:»Ich will eine schöne Reise machen«, oder:»Ich will anschließend damit angeben, dass ich dabei war«, ist das für mich okay. Im Grunde genommen spielt das eigentliche Motiv, das jemand für seine Teilnahme hat, auch nur eine untergeordnete Rolle. Denn das Erleben an sich ist das Wertvolle. Und ich bin mir sicher, die gemachten Erfahrungen werden ohnehin das ursprüngliche Motiv am Ende überschreiben.

Anfangs signalisieren mehr als zwei Drittel der Jugendlichen, denen wir die Idee vorstellen, Interesse. Aber nur jeder Vierte geht den nächsten Schritt. Was hält die anderen zurück? Vermutlich haben viele Zweifel an sich selbst, das Gefühl:»Ich schaffe das nicht.« Dazu kommt eine diffuse Furcht vor dem Ungewissen. Angst, sicheres Terrain zu verlassen, die Kontrolle zu verlieren und am Ende vielleicht zu scheitern. Sich eine Blöße zu geben und zu blamieren, weil sichtbar wird, was jemand nicht kann. Die Frage:»Wie sieht das denn aus, wenn …?« Bei manchen spielte sicherlich auch die Bequemlichkeit eine Rolle, als sie realisieren, dass man im Vorfeld viel trainieren muss, um bei der Tour dabei sein zu können, und es gilt, die eigene Komfortzone zu verlassen.

Am Ende liegen 13 Bewerbungen auf meinem Tisch. Einige der Briefe und Nachrichten, die ich bekomme, bewegen mich sehr. Matthis, ein Auszubildender aus Emden, schreibt mir, dass er die Einladung einfach großartig findet – er aber keinem anderen den Platz wegnehmen möchte, weil er schon so dankbar für das ist, was er bislang im Unternehmen an Freundlichkeit und Unterstützung erfahren hat.

Körperliche Fitness ist durchaus wichtig, aber eben auch nicht alles. Wir nehmen eher diejenigen mit auf die Tour, die ein Thema mit sich oder ihren Mitmenschen haben – und eben nicht nur die Starken, bei denen ohnehin schon vieles im Leben glattläuft. Es geht darum, bisher verborgenes Potenzial zu entdecken und zur Entfaltung zu bringen.

Aber wir schauen uns die potenziellen Teilnehmer auch genau an, um herauszufinden, was sie oder ihn wirklich antreibt. Und es gibt auch zwei medizinische Checks. In einem Fall entscheiden wir anschließend, dass eine Teilnahme zu riskant wäre, und sagen deshalb ab.

Mit dabei sind Benedikt, Christina, Daniela, Franzi, Jan, Kai, Lukas, Lynn, Marie, Marie-Charleen, Natalie und Nina. Jeder der zwölf ausgewählten Teilnehmer durchläuft zunächst beim Hubert-Schwarz-Zentrum ein Diagnostikprogramm. Basierend auf den Testergebnissen, werden individuelle Etappenziele und persönliche Ernährungs- und Trainingspläne erarbeitet. Konditionstraining (Laufen und Radfahren) und der systematische Aufbau bestimmter Muskelgruppen steht für alle auf dem Programm. Monatelang drehen alle ihre Laufrunden auf dem Deich, fahren bei Wind und Wetter mit dem Rad durchs Emsland und trainieren im Sportstudio. Durch den kontinuierlichen Kontakt zu Huberts Frau Renate und Sebastian Weiß, einem ebenso guten wie sympathischen Coach des Hubert-Schwarz-Zentrums, ist sichergestellt, dass sich alle optimal vorbereiten können. Aber die Verantwortung für das Training liegt letztlich bei jeder und jedem Einzelnen. Es läuft ziemlich gut, doch natürlich gibt es auch Gegenwind: Nicht nur die Jugendlichen selbst, sondern auch ihre Eltern haben Zweifel, ob die Pläne nicht zu ehrgeizig sind und am Ende alles zu viel wird. Und ob da nicht doch irgendein Haken an der Sache ist. Wie viele Enttäuschungen müssen Menschen erlebt haben, die denken: Eine derartige Großzügigkeit kann es ja gar nicht geben? Vielleicht haben einige Eltern auch insgeheim Angst davor, dass ihre Kinder etwas tun, wozu sie selbst nie die Möglichkeit hatten. Dass die Jugendlichen etwas erreichen, was die Eltern sich selbst nie zugetraut haben. Oder dass auf diese Weise zu viel Autonomie entsteht. Die Oma von Lukas sagt zu ihm: »Oh, mien Jung, mak dat mal lieber nich.«

3 | DAS SOLLTEST DU BESSER LASSEN

Neben häufiger Überforderung lähmt manche Kinder und Jugendliche auch eine besondere Form der Überbehütung. Sogenannte Helikoptereltern, die ihre Kinder nicht nur morgens mit dem Auto zum Kindergarten oder zur Schule bringen, sondern auch sonst über jeden ihrer Schritte wachen, verhindern, dass sie den Weg unter den eigenen Füßen spüren. Dass Kinder dabei an ihren Herausforderungen wachsen und sich zu orientieren lernen. Und vor allem, dass sie Antworten auf die Frage finden, wie etwas, vor dem sie sich vielleicht fürchten, dennoch gelingen kann.

Wenn Eltern sagen: »Mach das besser nicht, das ist nichts für dich«, oder: »Das ist viel zu unsicher«, kann dies zwei Gründe haben: Der eine Grund ist Angst, der andere Liebe. In dieser Polarität leben wir als Eltern. Bedingungslose Liebe, das ist etwas Wunderbares! Einen Menschen so zu sehen, wie Gott ihn geschaffen hat. Ohne Wenn und Aber. Eben bedingungslos!

Ein Grund für das Handeln aus Angst ist fehlendes Vertrauen, vor allem auch in sich selbst. Dass wir insgeheim befürchten: Es könnte etwas schiefgehen. Und weil wir das Leben des Kindes vor allem Unglück bewahren wollen, neigen wir aus lauter Liebe oder Angst dazu, es zu gut zu meinen. Deshalb versuchen wir Situationen zu vermeiden, in denen sich unsere Kinder verletzen könnten. Aus der Angst heraus entscheiden wir uns für mehr Sicherheit. Deshalb sagen wir unserem Kind: »Lass es sein, du könntest dich verlaufen, verirren, stolpern, hinfallen, verletzen. Lauf langsam, spring da nicht hinüber. Glaub mir, das kann schiefgehen …« Wer kennt solche Sätze aus seiner Kindheit nicht? Wie häufig hast du sie gehört?

Mangelndes Vertrauen in sich selbst und andere verhindert so vieles, was gut wäre. Wenn ich immer wieder höre und erfahre, was ich alles nicht kann, dann hat das Folgen. Die vielen Stimmen, die mir sagen: »Überleg dir das besser noch einmal. Willst du das wirklich machen?« – sie führen zu einer großen Verunsicherung und dazu, dass Jugendlichen nicht nur jegliche Motivation, sondern das mindestens ebenso wichtige Vertrauen verloren geht. Spätestens bei der dritten Enttäuschung ist Schluss, dann zieht sich fast jeder zurück.

Wenn stattdessen in Momenten der Herausforderung jemand da ist, der an mich glaubt, der hinter mir steht und mir vertraut, ändert sich alles.

Ausgesprochenes Vertrauen heißt für ein Kind nichts anderes als: »Du bist so in Ordnung, wie du bist.« Um dieses Vertrauen in sich selbst als Kind aufzubauen und zu bewahren, braucht es Bestätigung. Wenn Eltern, Großeltern, Geschwister, Erzieher und Lehrer ein Kind nicht in seinem Handeln bekräftigen, dann fehlt ihm die Resonanz, die es braucht, um für sich zu erkennen: »Bin ich in Ordnung oder nicht?«

Anderen etwas zuzutrauen, hat etwas mit dem Vertrauen zu tun, das wir uns selbst entgegenbringen. Mit dem Gefühl: Ich kann das schaffen. Es macht mir keine Angst.

Wer Vertrauen erfahren hat, geht auch vertrauensvoll mit anderen um. Fehlendes Selbstvertrauen hingegen ist eine Folge wiederholter Enttäuschung, Entmutigung und Entmündigung. Ich glaube, wir können keinen größeren Schaden für die Entwicklung unserer Kinder anrichten, als dass wir sie permanent überbehüten. Weil wir ihnen auf diese Weise die Möglichkeiten nehmen, für sich selbst wesentliche Erfahrungen zu machen und Selbstvertrauen zu gewinnen. Das Scheitern und der Schmerz gehören dazu. Wie wichtig ist es, Kinder losziehen zu lassen, wissend, dass nicht alles gelingt! Denn wer zu Hause bleibt, verpasst das beglückende Gefühl, das sich einstellt, wenn wir im Frühling über einen lichtüberfluteten Waldweg laufen, oder die faszinierenden Bilder, wenn an einem klaren Wintermorgen kleine Eiskristalle die Landschaft mit Glanz überziehen. Und wer nie an einem Herbsttag im Regen richtig nass wurde, weiß das Wohlgefühl eines behüteten Zuhauses und einer warmen Heizung nicht zu schätzen. Um Neues zu entdecken, müssen wir als Kind unseren Aktionsradius immer wieder erweitern. Hitze und Kälte spüren. Auf einen Baum klettern, das Glück im wilden Spiel mit Freunden mit beiden Händen ergreifen. Oder den Schmerz ertragen, wenn die Wagnisse, die wir dabei eingehen, zu Schrammen führen. Diejenigen, die sich nie das Knie aufgeschrammt haben, waren nie wirklich Kind.

Ich erinnere mich gut: Manchmal habe ich, wenn meine Eltern »Nein« gesagt haben, den Sprung über irgendein Hindernis erst recht gewagt. Ich war schon immer ein freiheitsliebender Mensch und habe deshalb bewusst in Kauf genommen, dass das eine oder andere schiefgeht, ich auf der Nase lande oder richtig Ärger bekomme. Und ich bin fest davon überzeugt: Kinder in Watte zu packen verhindert, dass sie später den Stürmen des Lebens trotzen.

Muster, die uns an etwas erinnern

Wir lernen auf eine besondere Weise: Alles, was wir wahrnehmen, erzeugt in unserem Gehirn ein bestimmtes Bild in Form eines Erregungsmusters. Ist dieses Muster bereits bekannt und

»abgespeichert«, haben wir ein »Erinnerungsbild« und reagieren darauf mit einer gewohnten Reaktion. Vertraute Gerüche signalisieren uns Geborgenheit und Wohlbefinden. Bestimmt kennst du dieses gute Gefühl, wenn ein bestimmter Geruch dich gedanklich direkt in eine gewisse Situation hineinholt. Oder denke an das Bild eines Lagerfeuers. Es erinnert dich vielleicht an den Schmerz, wie es war, als du den Flammen mit den Fingern zu nahe gekommen bist. Du hast dadurch gelernt, Abstand zu halten. Wer sich einmal die Finger verbrannt hat, zuckt danach vermutlich schneller zurück, um sich nicht erneut zu verbrennen.

Bei jedem Sinneseindruck ruft unser Gehirn ein bereits vorhandenes Bild ab, das irgendwie zu dem aktuellen Eindruck passt, und gleicht beide Muster ab. Stimmen sie überein, reagieren wir in gewohnten Mustern. Gleichzeitig kommen auch die Gefühle und weiteren Assoziationen von damals wieder hoch. Findet unser Gehirn keinen vergleichbaren Eindruck, passiert nichts. Und wenn das neue Bild nur teilweise zu einem bereits abgespeicherten Muster passt, arbeitet unser Gehirn so lange daran, das bereits vorhandene Bild derart umzugestalten, bis es zumindest teilweise zu dem neuen Eindruck passt. Dann haben wir etwas hinzugelernt. Jede Wiederholung schärft das Muster. Bei kleinen Kindern ist dieses permanente Abgleichen und Hinzulernen besonders ausgeprägt. Ständig gilt es, etwas Neues zu entdecken, zu prüfen und zu verarbeiten. Im Laufe der Zeit sammelt sich so ein großer Erfahrungs- und Wissensschatz an. Das Selbst wächst.

Sich ausprobieren dürfen

Oftmals lassen wir den Kindern nicht die nötige Zeit, um neue Fähigkeiten zu erlernen und bereits Bekanntes in Ruhe zu wiederholen. Wenn wir es eilig haben, weil wir das Kind schnell zum Kindergarten bringen möchten, damit wir anschließend zur Arbeit fahren können, fällt es uns schwer, ihm in aller Ruhe dabei zuzuschauen, wenn es sich umständlich die Schuhe anzieht. Wie es die beiden Enden des Schnürsenkels langsam umeinanderlegt und dann noch einmal von vorne beginnen muss, weil irgendetwas nicht gepasst hat. Das ist zum Aus-der-Haut-Fahren! Und man braucht viel Geduld, um jetzt nicht dazwischenzufunken – den Fuß des Kindes eilig zu sich heranzuziehen und die Schuhe schnell selbst zu binden. Manche Kinder lernen langsam, andere können vieles nicht, weil ihnen so wenig zugetraut wird. Dabei wäre es so wichtig, dass Kinder neue Fertigkeiten noch ein zweites und drittes und viertes Mal probieren und üben dürfen. Denn ganz besonders auf diese Weise lernen sie, woran es hakt und wie es vielleicht besser gehen könnte. Sie brauchen die eigenen Erfahrungen, denn nur so lernen sie, mit dem Misserfolg umzugehen und dass es sich durchaus lohnt, noch einmal von vorne anzufangen – um es dann irgendwann alleine zu schaffen! »Dieses Mal hat es geklappt!« – der freudige Aufschrei, der Triumph des Willens und das damit verbundene Erfolgserlebnis, ist für das Kind ein wichtiger Schritt auf dem Weg in ein Leben voller Selbstbewusstsein.

Indem unser Kind die Zeit bekommt, die es braucht, indem wir ihm geduldig beim Üben zuschauen, erfährt es auch, dass es seiner Mama und seinem Papa wichtig ist, dass es gute Erfahrungen macht. Wenn wir uns ruhig danebensetzen und beobachten, wie unser Kind etwas ausprobiert, ist dies ein Zeichen dafür, dass wir daran glauben, dass es gelingen wird. Selbst wenn es auch dieses Mal wieder sehr viel Zeit braucht. So ganz anders wäre es, wenn ein Kind in dieser Situation angeherrscht wird:»Los, her mit dem Fuß, ich kann nicht auf dich warten. Du schaffst das eh wieder nicht.« Ich weiß, das ist leicht gesagt. Und auch mir fehlt in solchen Momenten oft die Geduld, die ich an meiner Frau so bewundere.

Damit wir es bequem haben und vermeintlicher Ärger vermieden wird, dürfen Kinder vieles nicht ausprobieren. Zum Beispiel sich selbst ein Glas Milch einzugießen. Wir sehen schon die Milchpfütze auf dem Tischtuch und gehen dazwischen: »Nein, mach das bitte nicht. Das geht schief, das weiß ich. Lass mich das machen!« Es wird sofort interveniert, damit ja nichts geschieht. Und dadurch fehlt den Kindern die Erfahrung.

Wir sollten deshalb unsere Kinder öfters mal einfach »machen« lassen. Ihnen erlauben, etwas Ungewohntes oder Neues zu tun. Zum Beispiel, indem sie sich selbst eine Scheibe Brot abschneiden dürfen, wenn sie alt genug dafür sind. Natürlich muss man es den Kindern zunächst einmal in Ruhe zeigen, auch damit sie verstehen, dass man sich mit einem scharfen Messer schneiden kann. Aber dann gilt es, sie machen zu lassen. Die erste selbst geschnittene Scheibe Brot wird vermutlich ein schiefer Kanten sein. Aber das Kind ist stolz, wenn es die Aufgabe bewältigt hat. Und selbst wenn es sich dabei in den Finger schneidet, wird es anschließend wissen, was es bedeutet, mit dem Messer zu hantieren und dabei abzurutschen. Der Schnitt in der Fingerkuppe, das aufgeschlagene Knie, die Platzwunde – all das gehört zu einer durchlebten Kindheit dazu. Vor einiger Zeit habe ich einen Spruch gelesen:»Hinfallen ist menschlich, Liegenbleiben ist teuflisch, Aufstehen ist göttlich.« Und wir erziehen unsere Kinder leider oftmals dazu, dass sie liegen bleiben.

Urvertrauen

In der Kindheit entwickeln wir unsere Grundfähigkeiten, erwerben soziale Kompetenzen und lernen uns auch selbst kennen. Die Erfahrungen, die wir als kleines Kind gemacht haben, bleiben ein Leben lang fest im Stammhirn verankert. Entscheidend ist nicht die Geschwindigkeit, mit der wir etwas lernen, sondern dass wir das erworbene Wissen wirklich einordnen und nutzen können. Dazu müssen wir es mit unseren bisherigen Erfahrungen in Beziehung setzen: »Ah, so gehört das zusammen.« Überhaupt ist das Thema »Beziehungen« entscheidend. Wenn wir merken, dass es bestimmte Menschen gut mit uns meinen, bildet sich ein gesundes Urvertrauen. Geöffnete Arme signalisieren »Willkommen«. Wir wissen, wem wir vertrauen können – und auch, dass wir uns selbst und unseren erlernten Fähigkeiten, unseren Erfahrungen vertrauen können.

Der Soziologe Hartmut Rose beschäftigt sich seit vielen Jahren unter anderem mit der Frage, was es braucht, damit wir ein erfülltes Leben führen können, und spricht in diesem Zusammenhang von sogenannten Resonanzerfahrungen. Indem wir die Welt erfahren und uns in den Situationen, in die wir uns begeben, in einer bestimmten Art und Weise verhalten, kommt etwas in uns zum Klingen. Dabei spielt auch das Erleben der Natur eine besondere Rolle. Es gibt eigentlich keinen besseren Raum für ein intensives Erleben mit allen Sinnen: Eindrücke wie das Licht, das durch die Blätter eines Baumes scheint, der Gesang der Vögel am Abend, die raue Rinde eines Baumes, die Kühle des Morgennebels. Solche Naturerlebnisse machen etwas mit uns.

Wir handeln, wir reagieren, wir setzen uns mit Lebewesen auseinander, wir kommen in Beziehung und erleben dabei immer wieder eine Resonanz. Auf diese Weise erfahren wir uns selbst als Teil eines größeren Ganzen, erkennen die eigenen Fähigkeiten und Grenzen.

Auf gute Erfahrungen zurückgreifen zu können, ist so wertvoll. Und ein gesundes Urvertrauen ist einer der wesentlichen Bausteine für eine klare innere Haltung, eine vertrauensvolle Einstellung dem Leben gegenüber, die uns trägt. Wenn uns schon als Kind Urvertrauen fehlt, haben wir ein Problem. Denn als Erwachsener fällt es uns meist nicht mehr so leicht, ein neues Erfahrungsmuster zu verarbeiten und für uns innerlich zu akzeptieren. Es ist deshalb existenziell wichtig, dass wir unsere Jüngsten auch bewusst alleine losziehen lassen. Dass wir ihnen einen Erkundungsradius zugestehen, sie Grenzen ausloten lassen. Wer nicht lernt, wie weit er springen kann, bleibt innerlich stehen. Und wer sich nicht die Finger verbrennt, wenn er etwas Riskantes ausprobiert, lernt nie, Risiken richtig einzuschätzen.

Je mehr Eltern ihre Kinder einengen und einschränken – aus einer Angst heraus, dass ihnen etwas passieren könnte –, desto größer ist das Risiko, dass ihr Nachwuchs das Gefühl für die Wirklichkeit des Lebens verliert. Unser so häufig unbewusst praktizierter Protektionismus, dass wir Kindern und Jugendlichen das Erleben von kleinen Abenteuern versagen, führt dazu, dass sie keine wirklichen Wagnisse mehr erleben können. Stattdessen lassen sich viele in digitale Welten treiben. Das ist deshalb so attraktiv, weil Computerspiele uns virtuelle Räume eröffnen, in denen wir uns erproben und verausgaben können. In denen wir dann über künstliche Gräben springen, jede Menge riskieren, um ans Ziel zu gelangen. Und bei alldem das Gefühl bekommen, ein wirkliches Abenteuer zu bestehen. Aber zwischen einem richtigen Abenteuer und virtuellen Erfolgen liegen natürlich Welten. Und indem wir unseren Kindern echte Abenteuer versagen, treiben wir sie in digitale Ersatzwelten.

Ausgebremst

Wo kommt es eigentlich her, dass wir manchmal so überängstlich sind und dem eigenen Nachwuchs so wenig zutrauen? Weil wir selbst schon so überbehütet aufgewachsen sind und wir unseren Kindern manche schlechte Erfahrung, die wir selbst gemacht haben, ersparen möchten? Vielleicht auch, weil im familiären Hamsterrad kein Raum für Unvorhergesehenes ist? Was immer der Grund ist, es hilft nicht! Im Gegenteil. Denn es ist ohnehin nur eine vergleichbar geringe Zeitspanne, die wir unsere schützenden Arme über unsere Kinder halten können. Und indem wir sie vor schlechten Erfahrungen bewahren wollen, verhindern wir, dass sie innerlich wachsen. Später bekommen sie erst recht Probleme, weil sie angesichts einer Herausforderung auf keine hilfreichen Erfahrungsmuster zurückgreifen können. Ein dauerhaftes »Behütetwerden« durch die Eltern trainiert Kindern systematisch den Wagemut und das Selbstvertrauen ab und führt in die Mutlosigkeit und Unselbstständigkeit. Dass uns die Verantwortung in vielen Situationen abgenommen wird, ist sicherlich auch eine der Ursachen dafür, dass uns später der Halt im Leben fehlt.

Es geht um das rechte Maß zwischen Überbehütung und einem vollkommenen Auf-sich-selbst-gestellt-Sein. Beides ist in seiner Extremform schädlich. Es bedarf einer großen Aufmerksamkeit, um im richtigen Moment zu erkennen, was es gerade jetzt braucht.

Indem wir uns vor allem mit uns selbst beschäftigen und mit hoher Drehzahl durchs Leben jagen, geht die Aufmerksamkeit für die Kinder verloren.

Was wir für uns erfahren haben, geben wir später häufig unbewusst an die eigenen Kinder weiter: »Mach das lieber nicht ...« Eine endlose Kette von Maßregelungen, die entsteht, weil wir unsere Erfahrungen unreflektiert als Glaubenssätze weitergeben.

Wenn junge Erwachsene irgendwann von zu Hause ausziehen, sind manche mit der neuen Situation völlig überfordert, weil sie es nie geübt haben, eigenverantwortlich Entscheidungen zu treffen. Auch das Gefühl, an sich selbst glauben zu können, wurde vielen Jugendlichen nicht mit auf den Weg gegeben.

Und es scheint so, als ob es gerade deshalb für viele angesagt ist, den Kopf einzuziehen und die großen Träume für das eigene Leben nach hinten zu schieben, weil man sich selbst ohnehin nicht zutraut, sie umzusetzen. So habe ich es bei den Auszubildenden in meinem Betrieb und bei vielen anderen Jugendlichen wahrgenommen: dass ihnen das Zutrauen ins Leben, zu ihren Mitmenschen und letztlich zu sich selbst weitestgehend verloren gegangen ist.

4 | JENSEITS DER GEWISSHEITEN

Es braucht oftmals den einen Menschen, der nicht nur von etwas Großem träumt, sondern es tatsächlich in die Tat umsetzt. Jemanden, der uns zeigt, dass etwas, was alle für unmöglich gehalten haben, doch möglich ist. Einen wie Roger Bannister. Bis zum Jahr 1954 war klar, dass es nicht möglich ist, eine Meile unter vier Minuten zu laufen. Viele hatten es versucht, keiner hatte es geschafft. Auch die Fachwelt, Sportmediziner und andere Spezialisten waren überzeugt, dass es unmöglich ist, dass ein Mensch so schnell laufen kann. Doch Roger Bannister interessierte sich nicht für die Überzeugung der anderen. Er trainierte viele Jahre lang hart, um sein Ziel zu erreichen. Und er glaubte einfach daran, dass es möglich ist. Starke Menschen sind nicht diejenigen, die alles schon können, sondern die, die niemals aufgeben. Für jeden Versuch gibt es immer noch einen zweiten oder dritten Anlauf.

Immer wieder lief Roger Bannister vor seinem inneren Auge eine Meile unter 4 Minuten. Und dann kam seine Stunde: Am 6. Mai 1954 lief er auf der Leichtathletikanlage der University of Oxford eine Meile in der neuen Weltrekordzeit von 3:59,4. Im darauffolgenden Jahr haben es dann sieben weitere Läufer geschafft, die neue Bestzeit zu unterbieten.

Wenn es jemanden gibt, der etwas tut, was bislang nicht vorstellbar war, dann ist dies immer ein Weckruf für andere. Es brauchte einen, der zeigt, dass es geht.

Viele Menschen, so scheint es, laufen lange Zeit bildlich gesprochen mit getrübtem Blick durch die Gegend und sehen so weder sich selbst noch andere so, wie sie tatsächlich sind. So war es auch bei den jungen Menschen, mit denen ich anfangs in meinem Unternehmen gesprochen hatte. Den meisten fiel bei unserem ersten Gespräch auf die Frage nach der eigenen Stärke zunächst wenig oder gar nichts ein. Aber ihre Schwächen konnten sie sehr schnell benennen. Erst wenn ich weiter nachgebohrt habe, wurde manchem bewusst, dass er eigentlich doch einige positive Eigenschaften aufweisen konnte. Dabei liegt doch auf der Hand, dass jeder, wirklich jeder Mensch unglaublich viele Stärken hat!

Woher kommt eine derart schiefe Selbstwahrnehmung? Wie können wir lernen, unsere Blickrichtung zu ändern und auf uns selbst und unsere Stärken zu vertrauen? Wann hat dich das letzte Mal jemand auf deine besonderen Begabungen hingewiesen? Und was macht es eigentlich aus, sinnvoll und erfüllt zu leben? Auf diese Fragen habe ich viele Jahre für mich selbst Antworten gesucht – und in dieser Hinsicht viel von Victor E. Frankl gelernt. Der Wiener Arzt und Philosoph hat sich intensiv mit der Sinnfrage beschäftigt und die sogenannte Logotherapie entwickelt. Ihm wurde auf eine neue Art und Weise bewusst, dass der Mensch eine Einheit von Leib, Seele und Geist ist. Und dass der »Wille zum Sinn« jedem Menschen innewohnt. Zum einen bei konkreten Fragestellungen im Alltag, wenn es darum geht, den Sinn des Augenblicks zu entdecken, aber auch ganz generell, mit Blick auf den Sinn seines Lebens. In Anlehnung an die Philosophie von Sören Kierkegaard formulierte Victor E. Frankl, dass sich die menschliche Existenz darum dreht, dass jeder in Freiheit und eigener Verantwortung über seine Schritte im Leben entscheidet, sich jeder von gegebenen Bedingungen distanzieren und ein Stück weit selbst verwandeln kann. Dem Zustand der inneren Leere, die ein Mensch kaum ertragen kann, wird das Streben nach Sinn und Sinnfülle als Kontrapunkt entgegengesetzt: »*Du bist frei und auch verantwortlich für die Art und Weise, wie du deine Krise gestaltest. ... Deine geistige Verantwortung kannst du auf niemanden abwälzen! ... Du bist nicht Opfer, sondern Mitformer und Mitgestalter deines Lebens!*«

Wie hast du deine Eltern in deiner Kindheit erlebt? An welche Begebenheiten, in denen sie dich bestärkt oder zurückgehalten haben, erinnerst du dich? Haben sie dir öfters Mut gemacht, Neues zu wagen? Wurde dir Vertrauen geschenkt? Hast du Grenzen bewusst überschritten? Oder überwog das Gefühl, besser nichts auszuprobieren, was in irgendeiner Form riskant sein könnte? Und was macht es heute mit dir, wenn du daran zurückdenkst? Wenn du solchen Fragen auf den Grund gehst, wirst du spüren, an welchen Stellen du genauer hinsehen solltest. Denn das Erlebte wirkt vielleicht bis in deinen heutigen Alltag nach. Aber wenn du erkannt hast, dass dich ein trauriges Gefühl beschleicht, und du merkst, dass es dich zurückhält, dir mehr zuzutrauen als bisher, dann darfst du wissen: Es muss nicht so bleiben, wie es ist. Du hast es selbst in der Hand, dein Leben zu gestalten und ihm einen Sinn zu geben. Jeder kann dabei über sich selbst hinauswachsen.

Gute Vorsätze

Wie oft nehmen wir uns selbst vor, künftig ein ganz anderes, ein besseres Leben zu führen? Uns endlich ein Herz und die Zeit für das zu nehmen, was wir uns schon lange vorgenommen haben? Entschiedener zu handeln? Und dann bleibt es bei einem guten Vorhaben, obwohl wir tief in uns eine Sehnsucht spüren, dass es anders werden muss. Vielleicht sind wir traurig darüber, dass wir es einfach nicht schaffen, einen bestimmten Schritt zu gehen. Oder wir glauben, dass es ohnehin nicht gelingen kann. Dabei liegt es gar nicht nur an der Zeit oder unserer fehlenden Entschlusskraft, sondern an unseren Gewohnheiten und vor allem den inneren Bremsern. Wir merken durchaus, woran es mangelt. Und wir spüren, was notwendig wäre, damit wir vorankommen. Aber wir fallen gerne wieder in alte Verhaltensmuster zurück. Kaum bekommen wir Gegenwind, weichen wir zurück und machen das, was wir gewohnt sind.

Der eine will mit dem Rauchen aufhören, eine andere hat sich vorgenommen, ihrer Mutter endlich entschiedener und selbstbewusster entgegenzutreten. Der Dritte plant einen beruflichen Neuanfang. Aber es will einfach nicht gelingen. Schlechte Erfahrungen bremsen uns aus. Wir hängen fest in den Mustern, die wir gelernt haben, und den Bildern, die uns vermittelt wurden: So hat es zu sein – und zu bleiben. Es ist manchmal wirklich zum Verzweifeln: Das Neue, das, was wir anstreben, scheint unerreichbar. Und ja, sich vom Bisherigen zu verabschieden und neue, gute Gewohnheiten zu entwickeln, ist wirklich schwer. Denn erst viele kleine Impulse verfestigen nach und nach neue neuronale Netzwerke im Gehirn. Immer wieder muss ich etwas wiederholen, was mir innerlich widerstrebt; etwas tun, zu dem ich mich zwinge. Ich muss das, was mir fremd ist, so lange einüben, bis es mir in Fleisch und Blut übergegangen ist. Das ist enorm anstrengend. Es fühlt sich manchmal an, als würde man gegen eine Wand laufen. Es verlangt viel Durchhaltevermögen und festen Willen, auch dann nicht aufzugeben, wenn es schon mehrfach schiefgegangen ist. Der lange Weg des Einübens ist nicht jedermanns Sache. Und Pater Anselm Grün sagt: »Der Wille kommt immer zu spät.« Denn wenn ich erst einmal nachdenken muss, ob ich etwas tue oder nicht, ist der richtige Moment meist schon vorbei.

Wie gelingt es dir, in Bewegung zu kommen? Wie kannst du ganz konkret Bremsklötze aus dem Weg räumen?

Wie könnte es gehen?

In Berichten von Menschen, die sich in extremen Situationen zurechtfinden mussten, finden sich Hinweise. Zum Beispiel in den Erzählungen von Bergsteigern, Tiefseetauchern, Polarforschern, Flugpionierinnen und anderen Grenzgängern. Von Menschen, die Grenzen überwunden und kritische Situationen bestanden haben. Sie berichten oft von einem entscheidenden Erlebnis, einem besonderen Moment, der für sie die Wende zum Guten brachte, wenn die Situation schwierig oder sogar aussichtslos schien. Eine Erfahrung, die mit stets starken Emotionen verbunden war – ein Moment, in dem sich das Gefühl einstellte:»Das vergisst du nie wieder!« Das erklärt sich neurologisch: Ein intensives Erlebnis unter Beteiligung aller Sinne wirkt sich immer viel stärker auf unser Verhalten aus als ein gelesener oder gesprochener Satz oder ein Appell. Bewältigungserlebnisse brennen sich quasi ins Gehirn ein, indem sie neue Verbindungen innerhalb unserer neuronalen Netzwerke schaffen, die nicht mehr so leicht zu löschen sind.

Wer eine emotionale Herausforderung überwunden hat, dem fällt es zukünftig leichter, in anderen schwierigen Situationen zu bestehen.»Sie behält die Nerven«, »Er weiß, worauf er sich verlassen kann« – solche Sätze sind Wegweiser, wenn wir sie in Berichten über Menschen lesen, die etwas Unglaubliches gewagt haben. Und es ist spannend zu erkennen, warum dies so ist. Ich denke an Amelia Earhart, die am 20. Mai 1932 als erste Frau den Atlantik im Alleinflug von Neufundland nach Nordirland überquerte. Oder an den englischen Kapitän und Polarforscher John

Franklin, dessen Lebensgeschichte der Schriftsteller Sten Nadolny in seinem preisgekrönten Roman-Bestseller »Die Entdeckung der Langsamkeit« erzählt. John Franklin wird als Kind wegen seiner Langsamkeit verspottet – und gerade diese Eigenschaft hilft ihm später, die größten Abenteuer zu bestehen.

Es müssen also nicht immer die superbegabten Ausnahmehelden sein, die etwas bewältigen, was vorher noch nie jemandem gelungen ist. Aber immer dann, wenn jemand eine tiefgreifende Erfahrung macht, kann sich vieles wandeln. Alte Gewohnheiten und Gewissheiten treten zurück. Neues beginnt.

Und umgekehrt gilt auch: Wenn manche Menschen bei Herausforderungen oder in einer Krisensituation überreagieren und aus der Sicht Außenstehender völlig unangemessen handeln, fehlt ihnen schlicht eine gute Referenzerfahrung, die ihnen aufzeigt, was jetzt helfen könnte.

Mein Impuls an dieser Stelle: Verwechsle das Bequeme nicht mit dem guten Leben.

Verlasse von Zeit zu Zeit für eine Weile das kuschelige Zuhause, die gemütliche Couch oder den Lieblingssessel. Lehne dich nicht dauerhaft zurück, sondern setze dich bewusst Herausforderungen aus – Regen, Kälte, Hitze und anderen Widrigkeiten. Wer die eigene Komfortzone nicht verlässt, verpasst das wahre Leben und bleibt unter seinen Möglichkeiten.

5 | AUF DIESEN SCHRITT KOMMT ES AN

Vom Skistadion Garmisch-Partenkirchen aus steigen wir durch die Partnachklamm in südöstlicher Richtung durch das Reintal auf. Der Weg windet sich oberhalb des Flusses durch die Felsen. Unser Ziel ist die Zugspitze, der mit 2962 Metern höchste Gipfel Deutschlands.

Die Tour ist die wichtigste Etappe der Vorbereitung für den Kilimandscharo. Alles, was wir bislang in der Theorie übers Bergsteigen gelernt haben, und unser Ausdauertraining werden einem echten Praxistest unterzogen.

Je weiter wir nach oben kommen, desto schmaler und steiler wird der Weg. Nach über vier Stunden Aufstieg erreichen wir die Reintalangerhütte, wo wir eine Pause einlegen und zu Mittag essen. Ab hier wird der Anstieg noch einmal deutlich steiler, bald lassen wir die Baumgrenze hinter uns. Über ein Geröllfeld geht es mühsam Schritt für Schritt bergauf. Nach weiteren drei Stunden Gehzeit sind wir froh, als wir unser heutiges Ziel, die Knorrhütte auf 2051 Metern Höhe, erreichen. Hier werden wir übernachten. Unsere Füße sind voller Blasen, 17 Kilometer haben wir heute zurückgelegt. Alle haben es geschafft. Es fällt keine böse Bemerkung, jeder darf sich so, wie er ist, angenommen fühlen. Und dieses Gefühl, bedingungslos angenommen zu sein, ist es, was wir brauchen, um voranzukommen.

Bevor wir in Garmisch-Partenkirchen in die Partnachklamm eingestiegen sind, rief uns der Bergführer zusammen, um uns etwas Wichtiges mitzuteilen: »Wenn einer von euch auch nur ansatzweise das Gefühl hat, dass irgendetwas nicht stimmt – ein leichter Druck im Schuh, ganz egal, was es ist –, dann hat er die

Verantwortung dafür, das sofort mitzuteilen, damit wir etwas dagegen unternehmen können. Denn wenn dies nicht geschieht, werden wir nicht gemeinsam auf dem Gipfel ankommen. Die Erfahrung lehrt: Aus einem kleinen Schmerz wird auf dem Weg ein großer Schmerz.« Das, dachte ich in diesem Moment, ist auch ein wahnsinnig starkes Bild für unser Leben.

Wann hast du mit deinen Gefühlen oder deiner Meinung hinter dem Berg gehalten, nur um nicht aufzufallen oder anzuecken? Wie häufig hast du in deinem Leben schon etwas Unangenehmes verschwiegen? Und was wäre eigentlich gut gewesen?

Wenn ich etwas begreifen will, dann muss ich mir ein Bild davon machen. Der Bergführer hat an diesem Morgen jeden Einzelnen mit in die Verantwortung genommen. Am Berg zählen weder Coolness noch große Sprüche. Eher gilt es, keine falsche Stärke zu zeigen, keine falschen Erwartungen zu hegen – in der Hoffnung, das Problem, das ich habe, wird schon irgendwie weggehen. Vielmehr kommt es darauf an, sich seine eigenen Schwächen einzugestehen und auch die Hilfe der anderen einzufordern, wenn es nötig ist. Zu sagen, was Sache ist. Nur so kann gelingen, dass keiner zurückbleibt. Jedem von uns war in diesem Moment bewusst: Auf mich kommt es an.

Einige aus unserer Gruppe haben durchaus echte Handicaps. Ich denke vor allem an den 45-jährigen Udo, der zwei Jahre zuvor einen Bandscheibenvorfall erlitten und zeitweise Lähmungserscheinungen hatte. Er konnte sich anfangs kaum bewegen und noch schlechter aufstehen, geschweige denn laufen. Auch heute noch sieht man ihm beim Gehen an, dass der Bandscheibenvorfall Folgen hatte. Mühsam hat Udo sich ins alte Leben zurückgekämpft. Ich hatte Udo gefragt, ob er auf die Tour mitkommen möchte, weil ich glaubte, dass das scheinbar

Unmögliche – die Zugspitze und den Kilimandscharo zu besteigen – dazu beitragen würde, dass er innerlich wächst. Und er hat es gewagt.

Wie Perlen auf einer Schnur

Am nächsten Morgen geht es früh los. Wir laufen wie gestern fast die gesamte Zeit in einer Reihe, wie Perlen auf einer Schnur. Jeder, der zwischenzeitlich etwas zurückbleibt, versucht immer wieder, aufzuschließen und dranzubleiben. Und doch gibt es in der Gruppe bald zwei unterschiedliche Laufgeschwindigkeiten. Die Schnelleren gehen voraus. Eine zweite, kleinere Gruppe folgt mit etwas Abstand.

Bis zur Station Sonnalpin am Zugspitzplatt sind es noch knapp eineinhalb Stunden. Die karge Landschaft liegt komplett im Nebel, und wir können keine zehn Meter weit sehen. Von hier aus führt ein steiles Geröllfeld rechts am Schneefernerhaus vorbei in Richtung Gipfel. Das Klettern im Geröllfeld ist unglaublich anstrengend. Immer wieder kippeln die Steine unter der Last, stolpern wir über loses Geröll. Die Schuhe sind schwer, die Beine schmerzen. Jeder Schritt tut weh. Der weitere Weg über den Grat ist zum Glück mit Drahtseilen gesichert. Wir halten uns gut fest, denn es geht hier nicht nur heftig bergauf, sondern auch rechts von uns richtig steil bergab. Die Gedenktafeln hier verunglückter Bergleute säumen unseren Weg und flößen uns allen Respekt ein. Einige sind total geschafft und müssen die Zähne zusammenbeißen, um weiterzugehen. Als wir endlich auf dem Gipfel der Zugspitze stehen, haben wir 900 Höhenmeter überwunden und für die knapp vier Kilometer lange Wegstrecke fast fünf Stunden gebraucht.

MARIE // Jeder von uns hat sich gründlich vorbereitet. Mit den von Hubert Schwarz entwickelten Trainingsplänen habe ich monatelang gearbeitet. Aber die Tour auf die Zugspitze ist dennoch heftig. Die Erfahrung des stundenlangen Aufstiegs holt mich auf den Boden der Tatsachen. Den Klettersteig am Ende finde ich gar nicht mehr so schlimm, sondern vorher das schnelle Wandern über Stock und Stein. Bis kurz unter dem Gipfel sind wir in den Wolken unterwegs und können das Ziel nicht sehen. Erst in der allerletzten Sekunde öffnet sich der Himmel. Die ganze Zeit über denke ich: Ich brauche jetzt sofort eine Pause. Aber wir bleiben nicht stehen, gehen immer weiter. Wie soll das nur am Kilimandscharo werden, wenn der Aufstieg noch länger dauert und der Berg fast doppelt so hoch ist?

6 | VON MÜCKEN UND ELEFANTEN

Ein leises Summen raubt mir den Schlaf. Irgendwo in meinem Zimmer ist eine Mücke. Ich habe Angst, dass sie mich sticht und mit dem Malaria-Erreger infiziert. Das macht mich fertig! Ich habe mich, aufgrund des geringen Infektionsrisikos auf dem Berg, gegen eine Malariaprophylaxe entschieden. Hinzu kommt: Weil ich mich am Abend krank fühle, habe ich vorsorglich ein Medikament eingenommen und erst zu spät bemerkt, dass das Mittel gleichzeitig aufputschend wirkt. Jetzt bin ich total aufgedreht und unruhig. Aber ich muss jetzt schlafen! Denn in wenigen Stunden brechen wir auf zu unserer Tour auf den Kilimandscharo. Da brauche ich all meine Kraft. Aber an Schlaf ist nicht zu denken, vielleicht auch, weil so vieles in meinem Leben gerade derart aufregend ist. Während ich an die Decke starre und das Sirren verfolge, geht mir der gestrige Tag durch den Kopf. Vor meinem inneren Auge sehe ich viele Bilder: In Addis Abeba haben wir ungeplant einige Stunden Aufenthalt am Flughafen und dann einen weiteren Zwischenstopp in Mombasa, wo wir noch einmal unvorhergesehen landen müssen. Als wir auf dem Rollfeld stehen, sich die Kabinentüren öffnen und ich hinaus auf die Gangway trete, steigen Kindheitserinnerungen an eine lange zurückliegende Reise in mir auf. Ein Urlaub mit den Eltern in Afrika. Der Geruch holt die Bilder aus der Vergangenheit unmittelbar ins Jetzt. Zum Beispiel die an meinen ersten großen Fisch, einen Mahi Mahi, den ich damals gefangen habe, und die Erlebnisse auf einer Safari in Kenia, bei der die Nilpferde nachts bis dicht an unser Zeltlager herankamen.

Als wir später in Richtung Kilimandscharo fliegen – ich kann die Position des Flugzeugs auf einem kleinen Bildschirm in der

Kabine genau verfolgen –, ist der Berg durch die Kabinenfenster überhaupt nicht zu sehen. Ringsum nur Wolken und Nebel, eine einzige Suppe. Was für eine Enttäuschung! Die Landung auf dem Airport Kilimandscharo verläuft problemlos. Wenig später stehen wir vor einem Bus, der uns ins Hotel bringen wird. Unser Gepäck wird auf dem Dachgepäckträger verstaut, wir steigen ein, und los geht's. Die Straße, auf der wir vom Flughafen ins Land fahren, ist eine marode Betonpiste mit großen Schlaglöchern. Die Straßenränder sind von Mangobäumen gesäumt. Dazwischen sitzen und stehen Händler, die ihre Ware anbieten. Massai ziehen mit Kuhherden durch die weitläufige Ebene. Caddys und Busse, Lkw und alle anderen Fortbewegungsmittel, die mit uns auf der Straße unterwegs sind, sind voll besetzt. Ihre Ladeflächen sind komplett bepackt, ebenso die Dachgepäckträger – und obendrein fahren zahlreiche Menschen auf und inmitten der Ladung mit. Die ersten Eindrücke sind überwältigend: die Farben, die Gerüche, die Geräuschkulisse, einfach alles.

Das Hotel ist in den Urwald hineingebaut. Viele kleinere Gebäude, die miteinander verbunden sind, machen den Gebäudekomplex aus. Ein großer Gruppenraum gibt uns die Möglichkeit, zusammenzukommen.

Zum ersten Mal sehen wir Bananenbäume, überhaupt eine unglaubliche Fülle an Vegetation. Affen springen in den Mangobäumen umher. Es ist paradiesisch. Zum Abendessen im Garten wurde ein Buffet für uns gerichtet. Afrikanische Gerichte, die köstlich, aber ungewohnt duften – und schmecken. Wir tasten uns vorsichtig an alles heran, probieren dies und das. In der Gruppe herrscht knisternde Aufregung. Jetzt beginnt unser großes Abenteuer! Mit diesem Gedanken schlafe ich ein.

Da kommt etwas auf mich zu

Ich werde verfolgt, laufe schneller und schneller. Aber ich kann der Situation nicht entkommen. Plötzlich bleibt mein rechter Fuß an irgendetwas hängen, ich stolpere und bleibe am Boden liegen. Als ich aufblicke, scheint der Urwald ringsum erwacht zu sein. Affen springen von Baum zu Baum. Libellen sausen durch die Luft.

Es ist Morgen. Scheinbar habe ich doch ein wenig geschlafen. Mein Blick schweift über die Wände meines Zimmers, die dunklen Möbel im Kolonialstil und einen Ventilator an der Decke. Durch ein Fenster fällt Licht in den Raum.

Sssssss. Da ist sie wieder, die nervige Mücke von gestern Abend. Vermutlich habe ich von ihr geträumt. Ein Blick auf die Uhr. Es ist kurz nach sechs, bald muss ich aufstehen. Und ich habe das Gefühl: Ich kann nicht.

Mehr als ein Jahr lang haben wir diese Tour miteinander geplant. Was haben wir nicht alles bedacht und vorbereitet! Trainingspläne wurden erstellt, Packlisten geschrieben, Gesundheitschecks durchgeführt. Ausrüstung wurde beschafft und getestet. Und jeder von uns hat intensiv für die Besteigung des Kilimandscharo trainiert. Vor dem Abflug dachte ich noch: Wir sind optimal vorbereitet, mehr geht nicht. Und bis gestern Nachmittag sah bis auf das Wetter alles tatsächlich ganz wunderbar aus. Ich war topfit und guter Dinge. Es hat Spaß gemacht, mit der Gruppe zu reisen, und der erste gemeinsame Abend und das Essen waren richtig klasse. Der Seesack für die Tour und mein kleiner Tagesrucksack stehen fertig gepackt an der Wand vor mir. Es kann tatsächlich losgehen – doch ich fühle mich wie gelähmt.

Immer wieder bin ich heute Nacht hochgeschreckt. Im Zimmer war es heiß und stickig, aber das Fenster zu öffnen kam nicht infrage. Schließlich wollte ich nicht noch mehr Stechmücken einladen.

Ich richte mich auf, sitze todmüde auf der Bettkante und habe das ungute Gefühl: Das ist der Anfang vom Ende. Wir sind noch keinen Tag in Afrika, und ich hänge schon in den Seilen, bevor wir überhaupt den ersten Meter gegangen sind. Eine düstere Vorahnung befällt mich, dass sich der kühne Plan am Ende doch nicht in die Realität umsetzen lässt und wir an etwas scheitern, das wir vorher nicht im Blick hatten: Erkältung, Grippe, Malaria. In der Reihenfolge. Was ist, wenn ich tatsächlich beim Aufstieg krank werde und umkehren muss?

Der Gegenspieler der Freiheit ist die Angst. Die Befürchtung, es könnte uns etwas zustoßen.

Ich atme tief durch und versuche, die Situation realistisch zu betrachten. Bei Tageslicht sieht alles tatsächlich nicht ganz so dramatisch aus, wie ich es heute Nacht beurteilt habe, als mir die Mücke den letzten Nerv raubte. Augenscheinlich wurde ich auch nicht gestochen. Klar, die Erkältung ist noch da. Meine Beine fühlen sich schwer an, aber es wird gehen.

»Bodo – das schaffst du, reiß dich zusammen«, rede ich mir selbst gut zu und mache mich auf den Weg ins Bad.

Da schwirrt eine winzige Mücke im Zimmer umher, und ich mache aus ihr einen Elefanten!

Immer wieder ist es die Angst, die uns zurückhält: Angst zu versagen. Angst, krank zu werden. Die Befürchtung, andere könnten über uns lachen oder spotten. Und die Frage: »Was werden sie sagen?«, wenn ich ihnen meine Niederlage eingestehe.

Wie oft hält uns die Angst im Leben davon zurück, loszuziehen und etwas zu wagen? Und wie häufig verhindert sie, dass wir den lange gehegten Traum Wirklichkeit werden lassen?

Da ist die Angst davor, dass die Beziehung zerbricht, dass ich verlassen werde. Dass ich stürze, mich verletze, kläglich scheitere. Dass ich meine Arbeitsstelle verliere – oder schlicht das Ansehen, das ich bislang genieße. Dass Menschen mit dem Finger auf mich zeigen und sagen: »Ich habe es geahnt, das war klar: Er schafft es doch nicht.«

Letztlich ist die Angst, die uns zurückhält, immer auch ein Stück weit die Furcht vor dem Tod. Die Redewendung »Ich bin tausend Tode gestorben« macht klar, was einige durchmachen, wenn sie sich ihrer Angst stellen. Deshalb schrecken viele vor den Herausforderungen des Lebens zurück. Was dann bleibt, ist die Angst, dass ich bis zu meinem Tod nicht all das erlebt habe, was ich noch erleben will.

Wovor hast du am meisten Angst? Wie begegnest du dem Gefühl, eine kritische Situation nicht unter Kontrolle zu haben und den Entwicklungen ohnmächtig gegenüberzustehen? Und wer oder was könnte dir helfen, diese Angst zu überwinden?

Ein erster Schritt kann sein, seiner Angst in die Augen zu schauen und ihr einen Namen zu geben. Vielleicht heißt deine persönliche Angst »versagen«, »sich verletzen«, »scheitern«, »nicht mehr dazugehören« ... Und dann kannst du in einem zweiten Schritt weitergehen und dir die Frage stellen: »Was wäre, wenn die Befürchtung eintritt? Wäre dies wirklich schlimm?«

7 | OPTIMISTEN DUSCHEN UNTER WOLKEN

Nach dem Frühstück geht es los. Vor dem Eingang stapelt sich das Gepäck. Gestern Abend haben wir alle die Ausrüstung für die Tour in wasserdichte Seesäcke und unsere Tagesrucksäcke gepackt. Im Seesack sind die Kleidung, warme Sachen und Ersatzwäsche verstaut. Dazu der Schlafsack, Waschzeug und andere persönliche Dinge. Einige sind auf Nummer sicher gegangen und haben etwas mehr eingepackt, vor allem Kleidung. Andere beschränkten sich auf ein Minimum. Aber kein Seesack darf mehr als 15 Kilogramm wiegen. Unser restliches Gepäck bleibt mit den Koffern im Hotel, als wir mit dem Bus zum Ausgangspunkt unserer Tour aufbrechen.

Auf einem großen Schotterparkplatz am Marangu-Gate treffen wir unsere Sherpas. Hubert stellt sie uns der Reihe nach vor. Ganz aufgeregt wippe ich von einem Fuß auf den anderen. Zum Glück geht es mir, dank der Tablette, die ich heute früh genommen habe, etwas besser.

Jede Menge Seesäcke, wasserdichte Tonnen mit Verpflegung, Kocher, Gasflaschen, unsere Tagesrucksäcke und die Tragegestelle der Sherpas stehen bereit. Nun werden noch die Wasserflaschen aufgefüllt. Jeder wirft noch einen allerletzten Blick in den Rucksack:»Habe ich wirklich alles Notwendige dabei?« Dann schultern wir die Rucksäcke und laufen los.

An der Pforte, einem hölzernen Torbogen, werden wir kontrolliert, bevor wir den Nationalpark Kilimandscharo betreten. Wegen unserer Kameraausrüstung, die schon am Flughafen aufgefallen ist, gibt es auch hier Ärger. Die Tonangel ist anscheinend das Quäntchen zu viel. Auf jeden Fall wird alles noch einmal in Augenschein genommen und schlussendlich das meiste konfisziert. Es fehlt uns die passende Genehmigung. Jetzt muss die Kameraausrüstung hierbleiben. Das ist sehr ärgerlich!

Mit viel Glück gelingt es später, nach zähen Verhandlungen und mit Unterstützung der Chagga, den am Berg lebenden Ureinwohnern, in einer Nacht-und-Nebel-Aktion wenigstens einen Teil des Equipments nachzuholen.

Wir folgen dem ausgetretenen Pfad, gehen zwischen Mangrovenbäumen, Sträuchern und Farnen stetig nach oben. Vor uns liegen 69 Kilometer Wegstrecke, 4590 Höhenmeter Auf- und Abstieg. Sechs Tage sind dafür eingeplant, mit Tagesetappen zwischen 11 und 15 Kilometern. Die Luft ist feucht. Zu Beginn scheint die Sonne, doch dann verdunkelt sich der Himmel und öffnet seine Schleusen. Es fühlt sich an wie eine lang anhaltende Dusche. Schon nach kurzer Zeit klebt die Jacke am Körper, Hose und Schuhe sind schnell durchnässt. Und bei jedem Schritt saugen die Schuhe noch mehr Feuchtigkeit in sich auf. Bäche laufen über den Weg. Dass es derart heftig regnet, damit haben wir nicht gerechnet. Unsere Gruppe zieht sich auseinander. Wir sind insgesamt 65 Personen: 20 Teilnehmer – davon zehn Auszubildende – und 45 Sherpas. Nach der Tour auf die Zugspitze hatte sich noch eine junge Teilnehmerin abgemeldet. Es war ihr einfach zu viel. Und eine andere musste aus gesundheitlichen Gründen letztlich leider zu Hause bleiben.

Die meisten von uns laufen zu zweit oder zu dritt neben- oder direkt hintereinander, dazwischen die Sherpas. Sie achten darauf, dass wir nicht zu schnell gehen. Immer wieder erschallt ihr Ruf: »Pole, pole« – »langsam, langsam«. Wir dürfen nur langsam gehen und bekommen eingeschärft: »Kleine Schritte, große Freude. Große Schritte, kleine Freude.«

Es gilt, einen guten Rhythmus zu finden – Laufen, Trinken, Pause machen. Schließlich sollen wir uns nicht gleich am Anfang verausgaben. Dabei nehmen uns die erfahrenen Sherpas gut an die Hand. In gut fünf Stunden steigen wir von 1800 Metern auf 2700 Meter Höhe. Sieben Kilometer Wegstrecke liegen hinter uns, als wir die Mandara-Hütten, unser erstes Tagesziel, erreichen. Total durchnässt, sind alle froh, endlich anzukommen. Es ist diesig, die Feuchtigkeit steht in der Luft. Affen, die in den Bäumen umherspringen, vermitteln Urwaldgefühl. Auf einer Anhöhe steht auf einer Lichtung eine Ansammlung von Spitzhütten, umsäumt von Mangrovenbäumen – unser Quartier für die Nacht. Übernachtet wird im ersten Stock auf einfachen Holzpritschen, auf denen wir unsere Schlafsäcke ausrollen. Die Stockbetten stehen in einer langen Reihe hintereinander, Matratzen gibt es nicht. Sehr viele Menschen sind auf engem Raum versammelt, es ist stickig. Unsere nassen Klamotten hängen wir zum Trocknen an Schnüren auf, die wir im Raum verspannen. Die Sherpas kochen derweil für uns. Im Erdgeschoss kommen wir alle an einem großen Tisch zusammen, an dem wir dann auch essen. Schon gegen 20 Uhr liegen die Ersten erschöpft im Schlafsack.

MARIE // Das Wasser rinnt in Strömen über die Regenklamotten, läuft mir in die Schuhe, alles ist nass. Und ich frage mich immer wieder: Warum mache ich das eigentlich?

Das darf doch alles nicht wahr sein! Es ist doch momentan eigentlich Trockenzeit – und jetzt regnet es nonstop!

Endlich tauchen die Hütten vor uns auf. Wir sind da. Eigentlich wollen wir jetzt alle nichts wie rein ins Trockene. Ich habe keinen Bock mehr, auf gar nichts. Aber die Sherpas und die Guides stellen die schweren Rucksäcke ab und fangen erst einmal an zu tanzen.

Draußen vor den Hütten, auf der Wiese, im Regen. Ich bin beeindruckt, und die schlechte Laune löst sich langsam in Freude auf. Das sind die kleinen, wertvollen Momente. Diese unglaubliche Fröhlichkeit!

Das wahre Leben findet draußen statt

Sich Wind und Wetter auszusetzen ist eine Herausforderung, die uns guttut. Das wahre Leben findet draußen statt. Der Unterschied zu unserem Alltag ist, dass wir in unserem gewohnten Umfeld gerne glauben, alles beeinflussen zu können. Dass wir immer alles im Griff haben. Und wenn dann etwas Unvorhergesehenes passiert, können wir schwer damit umgehen. Wir wollen unbedingt die Kontrolle behalten. Aber es gelingt uns nicht. Denn wir können uns nicht auf alles im Leben vorbereiten.

Auf einer Wildnistour passiert immer wieder etwas Unerwartetes. Unterwegs müssen wir uns der Situation stellen, in der wir gerade stehen. Und wir müssen lernen, flexibel damit umzugehen, wie es ist. Wir sind praktisch permanent im Ausnahmemodus. Deshalb fällt es uns vermutlich auch auf einer solchen Tour leichter, gelassen mit einer neuen Situation umzugehen.

Pessimisten stehen im Regen. Optimisten duschen unter Wolken. So lautet ein lustiger Spruch. Auf den zweiten Blick ist es ein richtig kluger Satz: Denn es kommt immer auf unsere Einstellung an, darauf, was man aus einer Situation macht – und mag sie noch so herausfordernd sein. Wir können missmutig durch den Regen stapfen oder dabei fröhlich vor uns hin pfeifen, damit es leichter wird, die Situation zu ertragen. Unterwegs lernen wir auch, keine Angst davor zu haben, Pläne zu ändern, wenn sie nicht mehr taugen, wenn sich die Umstände ändern und etwas anderes wichtiger wird. Möglichkeiten zu scheitern

Auf dem Weg zur Zugspitze (2.962 m), unsere erste gemeinsame Tour

Aufbruch zum Kilimandscharo

orombo Huts (3.725 m)

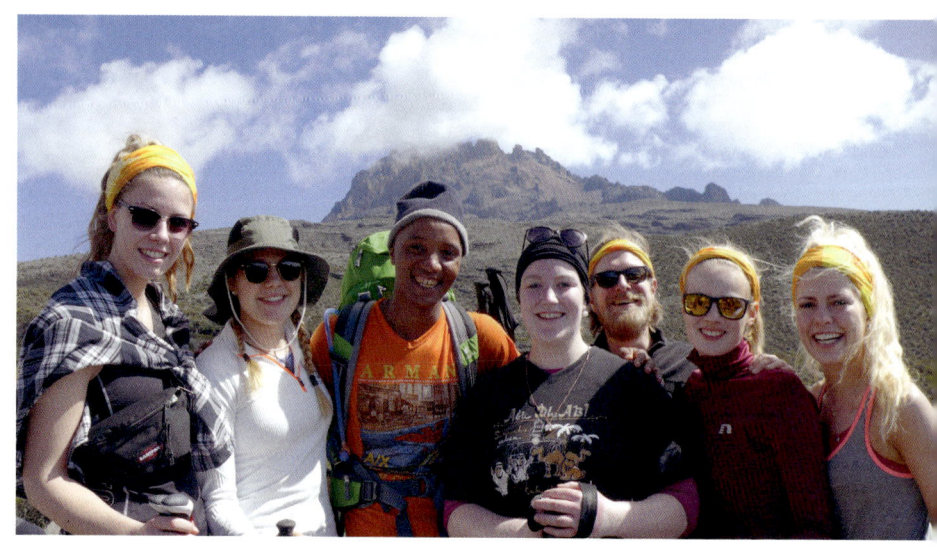

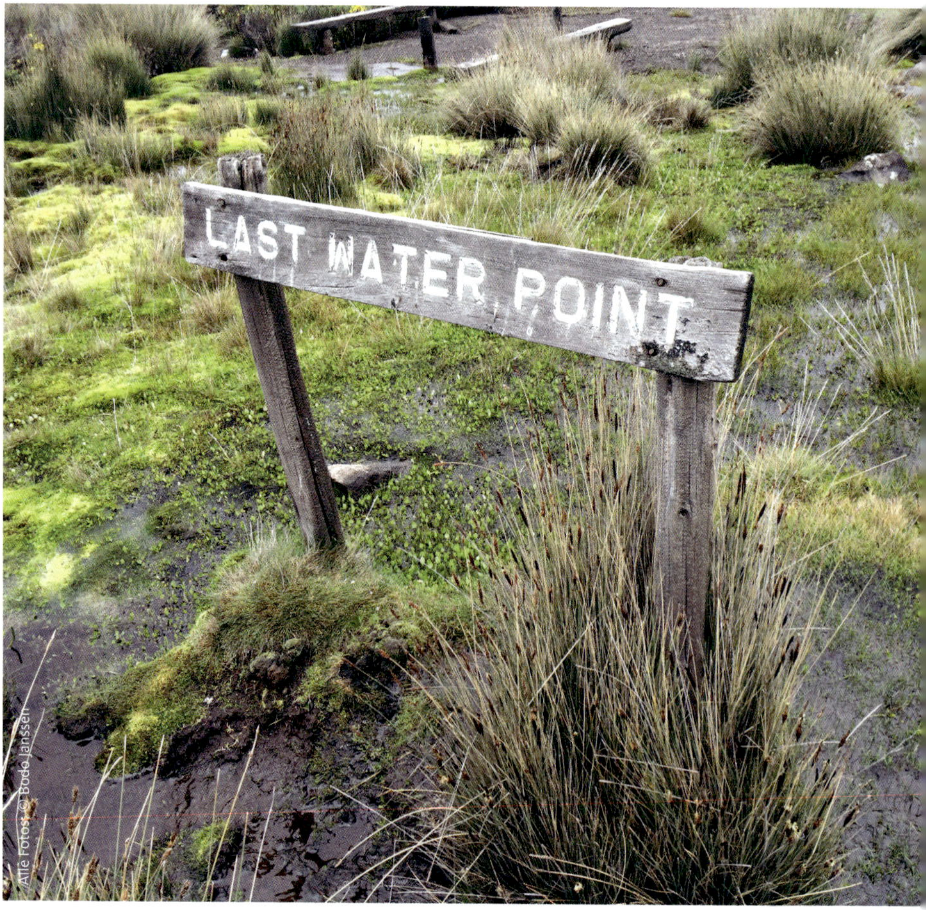

Alle Fotos: © Bodo Janssen

Zebra Rocks

Die Gruppe am Gipfel, Uhuru Peak (5.885 m)

gibt es überall. Auf einer Tour in den Bergen, bei einer Wanderung in der Hitze des Südens und im Alltag zu Hause. Da gibt es Stellen, an denen wir nicht mehr weiterkommen, weil der Weg versperrt ist. Da suchen wir händeringend nach einer Quelle, um unsere Wasserflaschen aufzufüllen. Oder wir merken, dass wir uns irgendwie festgefahren haben. Wir können die Krise nicht vermeiden, sondern müssen uns ihr stellen. Nur dann können wir sie überwinden. Und nur dann gewinnen wir Selbstvertrauen.

Es gibt ein uraltes Gelassenheitsgebet, das vom US-amerikanischen Theologen Reinhold Niebuhr verfasst wurde, seine Wurzeln aber in der griechischen Philosophie hat. Das Gebet hilft vielen Menschen und auch mir in krisenhaften Situationen:

Gott, gib mir die Gelassenheit, Dinge hinzunehmen, die ich nicht ändern kann, den Mut, Dinge zu ändern, die ich ändern kann, und die Weisheit, das eine vom anderen zu unterscheiden.

Im Alltag können wir das, was eigentlich dran wäre, meistens nur mit etwas Abstand und vergleichsweise schwer erkennen. Vielleicht, weil wir immer so viel Ballast mit uns herumschleppen. Weil wir meinen, dieses oder jenes dringend zum Leben zu brauchen.

Je weniger ich habe, desto leichter fällt es mir, mit meinem Besitz umzugehen.

Das wenige in meinem Rucksack ist schnell ausgepackt und sortiert: Schlafsack, Isomatte, Regenjacke, warme Kleidung, ein Teller, ein Becher, ein Löffel, ein Messer, ein Kocher und ein Topf ... viel mehr ist es nicht. Ich habe quasi im Handumdrehen den Überblick, sehe klarer, was wesentlich und unverzichtbar ist.

MARIE // Der Gedanke, dass jemand anderes meine Sachen trägt, ist mir unfassbar unangenehm. Ich habe das Gefühl: Das geht gar nicht! Kann man da nicht noch einmal mit Hubert drüber sprechen, dass wir unsere eigenen Sachen selbst tragen?

Unterwegs merke ich, dass es nicht anders geht, dass ich all meine Ersatzkleidung, die warmen Sachen, den Schlafsack, die Verpflegung und das Wasser gar nicht alleine tragen könnte. Ich habe schon mit mir selbst genug zu tun.

Die Sherpas leben davon, Menschen wie uns auf den Touren zu begleiten. Und sie machen es, das haben wir gespürt, wirklich mit Freude. Wenn wir gemeinsam den Berg besteigen, uns unterhalten, abends kochen und danach auch zusammen tanzen und singen, sind wir eine Gemeinschaft auf Zeit. Was wir erleben dürfen, ist so unglaublich schön! Die schier unbändige Lebensfreude und die Zuneigung der Menschen – Ubunto, das afrikanische Verständnis von Gemeinschaft: Ich bin, weil wir sind. Jeder ist Teil eines Ganzen. Eine Grundhaltung, die von wechselseitigem Respekt, Anerkennung und dem Streben nach einem harmonischen Miteinander geprägt ist. Ein Ausdruck dafür waren auch die Lieder, die wir gemeinsam gesungen haben. Stärkend, ermutigend, erheiternd. Einer der Guides, der tatsächlich Moses heißt, bringt uns einige afrikanische Lieder bei:»Jambo! Jambo bwana! Habari gani? Mzuri sana!«

Moses ist ein so toller Mensch! Und einen seiner Sprüche werde ich nie vergessen. Wir stehen am Berghang und schauen in die Weite, als er zu mir sagt:»This is my office. Do you know another office, that is so beautiful like this?« –»Das ist mein Arbeitsplatz. Kennst du einen schöneren als diesen?«

Du bist wichtig

Um 6 Uhr wird es hell. Zum Frühstück gibt es Ei, Porridge, Erd-nussbutter, Brot – alles, was viele Kalorien hat. Dazu schwarzen, gesüßten Tee. Nach dem Essen packen wir unsere Sachen, füllen die Camel-Bags mit abgekochtem Wasser und bereiten uns für den Aufbruch vor. In den grünen Rucksäcken, die wir selbst tragen, ist unsere Verpflegung für den Tag – heute gibt es gebra-tenes Huhn, Eier und Brot. Dazu zweieinhalb Liter Wasser, eine Regenjacke, eine warme Mütze, ein Paar trockene Strümpfe, Tape für eventuelle Blasen, Sonnencreme und manches andere. Ungefähr fünf bis sechs Kilogramm trägt jeder mit sich. Die Ca-mel-Bags sind praktisch. Sie kommen in den Rucksack, und ohne das Behältnis auspacken zu müssen, kann man über einen Schlauch jederzeit während des Gehens etwas trinken. In den wasserdichten Seesäcken, die die Sherpas für uns tragen, ist die Ausrüstung verstaut, die wir tagsüber nicht brauchen. Die Sher-pas transportieren auch die restlichen Lebensmittel, Kocher und Gasflaschen. An der Horombo-Hütte soll es ein letztes Mal auf dem Weg nach oben frisches Wasser geben.

1 000 Höhenmeter liegen heute, am zweiten Tag, vor uns, verteilt auf eine Wegstrecke von gut elf Kilometern. Der Weg führt von den Mandara-Hütten bergauf durch einen sich immer weiter lichtenden Mangrovenwald. Schließlich werden wir die Baum-grenze überqueren. Bei schönem Wetter, heißt es, könne man von hier aus den Mawenzi, den zweithöchsten Gipfel des Kili-mandscharo-Massivs, erblicken. Aber die Sicht ist heute gegen null. Es regnet schon den ganzen Tag. Unterwegs kommen wir an einigen faszinierenden Riesen-Lobelien vorbei. Pflanzen, die es nur in diesen Regionen gibt. Aber wir können die Schönheit leider kaum genießen. Der Weg ist mühselig, und die Gruppe

zieht sich weit auseinander. Es gilt aufzuschließen und dranzubleiben, den Anschluss nicht zu verpassen. Endlich tauchen die spitzen Dächer der Horombo-Hütten in Sichtweite auf (3730 m). Das Tagesziel ist geschafft.

MARIE // Es ist eine völlig neue Situation für uns alle. Und trotzdem weiß jeder, was zu tun ist. Da ist eine Art Urverständnis füreinander. Wir achten auf den anderen, keiner muss lange fragen, wenn etwas zu tun ist. Sofort meldet sich jemand und sagt: »Ich übernehme die Aufgabe.« Daraus lernst du: Du bist wichtig. Du entscheidest, was du aus der Situation machst. Und wenn es noch so blöd kommt – du kannst dich dafür entscheiden, es mit Humor zu nehmen.

Du kannst nass und mürrisch in die Hütte gehen – oder aber sagen: »Ich bin eh komplett nass, lass uns miteinander tanzen und Spaß haben. Wie toll, wir haben den nächsten Abschnitt der Tour geschafft und dem Regen getrotzt.«

8 | GO HIGH, SLEEP DEEP

MARIE // Heute früh geht es mir richtig dreckig, mir ist übel und schwindelig. Ich habe rasende Kopfschmerzen, eine Art Migräneattacke. Als ich den breiigen Haferschleim sehe, den wir essen sollen, habe ich das Gefühl, dass ich mich direkt übergeben muss. Cay, unser Arzt, gibt mir ein Mittel gegen die Kopfschmerzen und die Übelkeit, aber es wird nur sehr langsam besser.

Über dem dritten Tag steht das von Hubert verkündete »go high, sleep deep«. Wir wollen von den Horombo-Hütten knapp 400 Höhenmeter zu den Zebra Rocks (4100 Meter) aufsteigen. Danach geht es wieder zu den Hütten zurück, um hier ein zweites Mal zu übernachten. Für die insgesamt acht Kilometer Weg sind vier Stunden Gehzeit eingeplant. Und morgen laufen wir den gleichen Weg noch einmal bergauf. Irgendwie kann ich überhaupt nicht verstehen, weshalb wir uns dieser Strapaze gleich zweifach aussetzen müssen – auch wenn erklärt worden ist, dass dies sinnvoll sei. »Go high and sleep deep« – dieses Prinzip soll helfen, rote Blutkörperchen aufzubauen und so den Sauerstoffgehalt im Blut zu erhöhen. Das ist wichtig, um den Körper an die große Höhe mit schwindendem Sauerstoffgehalt zu gewöhnen.

Wieder einmal ist kein Ziel zu sehen. Wir stolpern bergauf, versuchen, zwischen Steinen und Sträuchern Tritt zu fassen. Ich stecke in einem tiefen Motivationsloch, und mir ist nach wie vor schlecht. Die letzten beiden Tage habe ich vermutlich zu wenig auf mich achtgegeben und mehr auf die anderen in der Gruppe, weil ich wollte, dass es ihnen gut geht.

In einer Art Trance-Zustand laufe ich nun irgendwie mit und frage mich wieder einmal, warum ich mir das überhaupt alles antue.

Dann sage ich mir selbst: »Das ist jetzt einfach so. Das machst du für die Gruppe. Und auch für dich selbst. Darauf hast du dich monatelang vorbereitet.« Aber so richtig überzeugt, dass dem so ist, bin ich nicht.

Der Himmel ist bedeckt, es regnet. Der Gipfel des Berges versteckt sich in den Wolken. Wir gehen durch eine Art Hochsteppe mit kakteenartigen Pflanzen. Vor jeder Anhöhe denke ich: Gleich sind wir da. Aber dem ist nicht so.

Als wir endlich das heutige Ziel, die Felsformation mit den markanten Streifen, erreichen, wird eine größere Pause eingelegt. Der Aufstieg war mega-anstrengend. Mir tut alles weh! Viele Tränen fließen, weil die meisten total fertig sind. Einige von uns haben heute zudem echt Pech: Marie-Charleen ist in einer Dreiviertelhose unterwegs und hat vergessen, sich einzucremen. Das rächt sich auf 4000 Metern Höhe sofort. Ihr einer Unterschenkel ist hummerrot. Franzi hat eine komplett verbrannte Nase. Auch ich weine und muss die ganze Zeit daran denken, dass wir morgen früh den gleichen Weg noch einmal zurücklegen sollen. Ich gehe doch keinen Schritt doppelt! Vor der Gruppe zu weinen, ist anfangs gar nicht einfach. Aber man weiß irgendwann: Es ist okay. Man kommt sich näher.

Wüstenzeiten

Oftmals scheint es im Leben so, als hätte sich alles gegen uns verschworen. Widrige Umstände machen es schwer, voranzukommen. Alles ist zäh, es fühlt sich an, als hätten wir Gewichte in den Schuhen. Ernüchtert stellen wir fest, dass wir wieder einen Umweg gemacht haben. Oder wir laufen stunden-, tage-, monate- oder sogar jahrelang in die falsche Richtung, weil wir gar nicht richtig wissen, wohin wir eigentlich wollen. Ein anderes Mal erscheint alles sinnlos, weil wir den gleichen Weg noch einmal gehen müssen. Das ist so ärgerlich! Wir hätten es wissen können. Aber es bringt nichts, zu hoffen, dass sich die Umstände ändern. Wir müssen das Leben nehmen, wie es kommt, und das Beste daraus machen. Was sich nicht ändern lässt, damit gilt es irgendwie umzugehen. Und das, was ich tun kann, will ich angehen. Es ist nicht Sache der anderen, mich glücklich zu machen. Veränderungen entstehen dann, wenn ich es wage, das Problem anzugehen, das sich mir gerade in den Weg stellt. Wenn ich genau hinsehe und hinhöre, wie es gehen könnte.

Der wichtigste Schritt von allen? Der erste. Mut und Kraft kommen unterwegs.

Seit vielen Jahren fasziniert mich gerade deshalb die Exodus-Geschichte aus der Bibel. Sie erzählt davon, wie Menschen es wagen, zu einem Leben aufzubrechen, das ihrer Gesinnung entspricht. In Ägypten herrscht soziale Kälte, die Israeliten werden unterdrückt und fühlen sich ausgegrenzt. Deshalb machen sie sich auf den Weg. Es ist Moses, der die Menschen aus der Gefangenschaft führt. Keiner, der mit ihm geht, ahnt, was sie erwartet. Die Zukunft ist ungewiss. Aber sie ziehen los und wagen die gefährliche Reise. Ihr Weg führt durch die Wüste. Hitze, Kälte, Durst, Hunger und Krankheiten setzen allen zu. Und ihre Reise ins Gelobte Land, das ihnen Gott versprochen hat, wird am Ende 40 Jahre dauern. Ob die Menschen auch losgezogen wären, wenn sie das am Anfang geahnt hätten?

Zunächst geht es um den Auszug aus dem Gewohnten. Um den Mut zur Veränderung, die Überwindung von Trägheit, Bequemlichkeit und Angst. Moses übernimmt für sein Volk, für die Menschen, die mit ihm unterwegs sind, dabei eine Vaterrolle. Er ist für mich der Archetyp für einen Menschen mit Verantwortung.

Losgehen muss jeder selbst

Moses zeigt den Menschen ein Bild, malt ihnen vor Augen, wohin die Reise gehen soll. Aber losgehen muss jeder selbst. Unterwegs gilt es, durchzuhalten und sich immer wieder zu überwinden: Als Moses das Meer teilt, damit alle hindurchgehen und sich so vor den Verfolgern in Sicherheit bringen können, müssen die Menschen ihm vertrauen. Was wäre, wenn es nicht klappt und die Wellen über ihnen zusammenschlagen? Es bleibt keine Zeit, um zu zögern. Und alle, die ihre Angst überwinden und Moses folgen, kommen durch.

Wüstenwanderungen sind eine Grenzerfahrung. Heiß. Steinig. Staubig. Endlos. Der Weg durch die Wüste führt die Menschen nicht nur aus der Knechtschaft in Ägypten. Er läutert und befreit sie auch von dem Gefangensein in sich selbst. Denn die Menschen erfahren unterwegs nicht nur Gottes Schutz, sondern auch viel über sich selbst und ihre Leidenschaften. Im Wort Leidenschaft steckt das Leid mit drin. All das, was uns auch Verletzungen zufügen kann. Unsere Leidenschaften: Das kann der Wunsch sein, reich zu werden, uns möglichst viel Besitz anzueignen. Oder der Schnellste oder der Wichtigste von allen zu sein und die anderen abzuhängen. Und manchmal schlicht der Wunsch, endlich anzukommen. Indem die Menschen ihre Schwächen wahrnehmen und überwinden, wird der Exodus für alle zu einer Zeit der Befreiung. Dies sind Bilder, die ich auch auf unsere heutige Situation übertragen kann. Der Weg durch die Wüste oder auf einen Gipfel ist auch ein Weg zu mir selbst. Ich komme auf neue Gedanken, zu einer Klarheit. Für mich persönlich, für die Familie und für das Unternehmen, das ich führe. Trotz intensiver Vorbereitung behalten Touren in extremen Regionen immer etwas Unkalkulierbares. So wie das Leben! Eine absolute Sicherheit gibt es nicht. Dies zu glauben, wäre eine Illusion.

Exodus – das ist der Auszug aus dem selbst errichteten Gefängnis unserer Gedanken, Ängste und Zweifel. Es gilt, sich von dem zu befreien, was uns zurückhalten will. Hindernisse zu überwinden, auf ein Ziel zuzugehen, vielleicht auch Umwege in Kauf zu nehmen – hin zu einem Leben, das meiner eigenen Wahrheit entspricht.

Für mich ist der Exodus, von dem die Bibel erzählt, eine Sinngeschichte, die wir zu unserer eigenen machen können. Und jede Erfahrung, die ich dabei machen darf, führt mich ein Stück weit mehr zu mir selbst.

Einfach leben

Ebenso wie die biblische Moses-Erzählung faszinieren mich Texte der sogenannten Wüstenväter. Das ist eine Bezeichnung für frühchristliche Mönche, die seit dem späten 3. Jahrhundert nach Christus – als Eremit oder in kleinen Gruppen – in den Wüsten Ägyptens und Syriens lebten. Sie flohen vor Verfolgern und suchten in der Einsamkeit Gott.

Ihre Erfahrung: In der Wüste ist der Himmel sehr nah, weil die Entbehrung all dessen, was das vermeintlich gute Leben mit sich bringt, auch die Stimmen in uns verstummen lässt, die uns permanent einflüstern wollen, was wichtig ist.

Manche Menschen verwechseln ein bequemes Leben mit einem guten Leben. Sie scheuen die Anstrengung und das Risiko. Das Streben nach Sicherheit, der Wunsch nach Kontrolle, darauf sind wir von klein auf sozialisiert. Es geht immer wieder darum, möglichst keinen Fehler zu machen und mit möglichst wenig Aufwand möglichst viel zu erreichen. Deshalb schauen sich viele Menschen vor einer Reise auch im Internet genau an, wie es vor Ort aussieht: der Strand, das Meer, die Wege, die

Unterkunft, das Essen. Da ist sie wieder, die typische Angst, die Kontrolle zu verlieren. Aber die Absicherung nach allen Seiten verhindert nicht nur den Konrollverlust. Sie hindert uns leider auch daran, interessante Erfahrungen zu machen und uns weiterzuentwickeln.

Die Suche nach Gründen, etwas nicht zu tun – wer kennt sie nicht? Etwas vor sich herzuschieben. Sich dafür zu rechtfertigen, jetzt nicht rauszugehen, weil es regnet oder viel zu heiß ist – das sind die Symptome unserer Trägheit und Bequemlichkeit. Der innere Schweinehund passt gut auf, dass wir auch ja abwarten, bis alles möglichst komfortabel und einfach für uns aussieht. Aber unsere eigentliche Bestimmung ist doch: Wir sollen wachsen – und zwar im Kleinen wie im Großen. Wir sind nicht zufällig hier auf der Erde. Sondern weil uns unser Leben geschenkt wurde, das es mit beiden Händen zu ergreifen gilt! Und zwar völlig unabhängig davon, welche Begabungen, Möglichkeiten oder Begrenzungen wir haben.

Es liegt an uns, das Leben im Rahmen unserer Möglichkeiten zu gestalten! Mein Vater sagte mir des Öfteren: »Es ist wichtig, was du aus der Situation machst.«

Die Exodus-Geschichte von Moses und die Erfahrungen der Wüstenväter machen mir persönlich Mut, Ungewöhnliches und Neues zu wagen. Es ist gut zu spüren, dass wir über ungeahnte Kräfte verfügen, die wir aktivieren können. Was brauchst du, um die Kräfte, die in dir stecken, freizusetzen und loszuziehen?

9 | GEGENWIND

MARIE // Wir liegen in der Hütte in unseren Schlafsäcken, da klopft es. Vor der Tür stehen eine Kanne heißes Wasser, einige Tassen, eine Dose mit schwarzem Tee und eine zweite mit Zucker. Das morgendliche Ritual. Es ist einfach wunderbar, den Tag in der noch kalten, klammen Hütte mit einer Tasse heißem Tee zu beginnen! Wenig später steht dann auch eine Schüssel mit warmem Wasser draußen vor der Hütte. Damit können wir uns waschen. Privatsphäre gibt es auf einer solchen Tour eigentlich nicht. Aber das ist okay.

Nachts war es wieder ziemlich kalt, die Kleider sind klamm. Morgens in der Sonne zu stehen, ist so schön. Aber alles andere ist auf dieser Höhe total anstrengend.

Heute, am vierten Tag unserer Tour, wollen wir zusammen weiter bis zur Kibo-Hütte aufsteigen. Der Weg führt durch eine Strauch- und Steinlandschaft, vorbei an den Zebra-Rocks, wo wir gestern schon waren ... Am »Last Water Point« füllen die Sherpas nach eineinhalb Stunden Gehzeit nochmals alle Wassertanks auf. Und am Kibo-Sattel auf 4310 Metern Höhe geht die ohnehin karge Vegetation langsam in eine Steinwüste mit rötlich brauner Erde über. Wir können kilometerweit sehen, kommen aber dem Ziel gefühlt keinen Schritt näher. Dann schlägt das Wetter um. Es wird richtig fies, ungemütlich und anstrengend: Schnee, Eis, Regen und dazu starker Wind. Je weiter wir nach oben kommen, desto kälter wird es. Eine Rast ist nicht angesagt, auch wenn ich mich so gerne für eine Weile hinsetzen und ausruhen würde. Denn wenn du am Hang stehen bleibst, fällt es dir schwer, wieder richtig in Tritt zu kommen. Wer seinen Rhythmus verliert, wer zu schnell oder zu langsam geht, wer unterwegs zu viele Pausen einlegt, der macht viel eher schlapp. Die anderen sind, während ich darüber nach-denke, auch schon wieder ein ganzes Stück weiter. Ich muss mich anstrengen, Schritt zu halten und aufzuschließen. Wir haben es heute eilig, um die Kibo-Hütte, die auf 4700 Metern Höhe liegt, vor den anderen Wanderern zu erreichen. Auch wenn die Beine schmerzen und der Puls in den Schläfen pocht, gilt es dennoch weiterzugehen. Denn wer keinen Platz in der Hütte bekommt, muss draußen in Zelten schlafen, sagt Hubert. Das will keiner! Wir freuen uns auf ein festes Dach über dem Kopf und ein Bett, selbst wenn es eine einfache Pritsche ist. Als wir nach etwa sechs Stun-den Aufstieg die Hütte vor uns liegen sehen und tatsächlich die Ersten sind, sind wir total froh.

Eine Frage, über die wir heute viel gelacht haben: »Woran er-kennst du, dass du auf einem hohen Berg bist?« Ganz einfach: »Wenn der Radiomoderator nichts mehr sagt.« Bislang hat uns Axel von Radio FFN, der ebenfalls an unserer Tour teilnimmt, im-mer gut unterhalten. Er ist eine Bereicherung für unsere Gruppe, ein toller Typ. Aber jetzt ist er merkwürdig schweigsam geworden. So wie wir alle, denn langsam geht uns die Puste aus, die Höhe macht uns zu schaffen.

Düstere Vorahnungen

Bereits vor der Tour habe ich in mir eine tiefe Unsicherheit ge-spürt. Angst. Zum einen war da ein ziemlicher Respekt vor der großen Höhe und den damit verbundenen Gefahren. Und mir war klar, dass ich mit meinem in unregelmäßigen Abständen wiederkehrenden Vorhofflimmern in einer derartigen Extrem-situation ein zusätzliches Problem bekommen könnte. Auf dem Weg von der Zugspitze bergab hatte ich das Vorhofflimmern vor einigen Monaten das erste Mal gespürt. Seitdem ist es mehrfach wiedergekommen. Auch jetzt, auf der Tour. Und da ist noch etwas, was mich verunsichert: Schon länger hatte ich die Idee mit mir herumgetragen, irgendwann, wenn ich alt bin, all meine Erlebnisse und Erkenntnisse aufzuschreiben. Die Summe meiner Erfahrungen zu Papier zu bringen und mit anderen zu teilen – quasi als Abschluss meines Lebens. Vor etwa einem Jahr wurde ich dann tatsächlich angesprochen, ob ich nicht Lust hätte, ein Buch zu schreiben. Nach einiger Überlegung habe ich zugesagt und auch mit dem Schreiben begonnen. Kurz vor der Abreise ist das Buch tatsächlich fertig geworden. Jetzt lässt mich der Gedanke, dass dieses Buchprojekt das Letzte sein wird, was ich in meinem Leben realisieren werde, nicht los. Die verschiedenen Vorhaben, so scheint es mir, stehen in einem inneren Zusammenhang: ein Buch schreiben – meinen Traum verwirklichen und mit den Jugendlichen auf Tour gehen – das Sterben. Alles gehört zusammen, bedingt sich wechselseitig. Seitdem ich das wahrgenommen habe, bin ich irgendwie mit einer latenten Angst unterwegs.

Schon nach der ersten Etappe auf dem Weg nach oben habe ich in der Mandara-Hütte nicht besonders gut geschlafen. Und am nächsten Morgen spürte ich, kurz bevor wir losgehen wollten, auf einmal wieder dieses seltsame Gefühl: Es machte plötzlich »plock« – und da war es, das Vorhofflimmern. Wie aus dem Nichts. Mein Herz raste und stolperte unregelmäßig vor sich hin. Ich war völlig verunsichert und fragte mich: Was jetzt, was kann ich tun? Wie hoch ist das Risiko, dass es schlimmer wird?

Mein Notfallmedikament hatte ich dabei, aber den Großteil der Tabletten unten im Hotel vergessen, weil ich beim Aufbruch so aufgewühlt und aufgeregt war. In meiner Tasche sind nur drei Tabletten – für die gesamte Tour. Trotzdem bin ich weitergegangen. Mein sehnlichster Wunsch war ja, die gesamte Gruppe nach oben zu bringen. Das habe ich weiterhin vor. Das will ich unbedingt!

In den vergangenen drei Tagen nach dem ersten Auftreten des Vorhofflimmerns gab es immer wieder Situationen, in denen mein Puls richtig hoch war. Ich hatte keinen Sinus-Rhythmus, sondern einen flachen, unregelmäßigen Herzschlag mit Frequenzen zwischen 130 bis 150. Und das machte mich sehr unruhig. Mit einem Ohr habe ich permanent nach innen gehört. Als am dritten Tag die Wolkendecke stellenweise aufbrach, versuchte ich, meinen Kardiologen in Deutschland zu erreichen. Auf einem Felsen stehend, hielt ich mein Handy in alle Himmelsrichtungen, bis ich etwas Empfang hatte. Doch auch der Kardiologe wusste nicht genau, ob und wie die Herztabletten in so großer Höhe wirken. So dachte ich: Dann muss ich das halt ausprobieren.

Menschen, die an Anfällen von Vorhofflimmern leiden, leben mit dem »Pill in the Pocket«-Konzept ganz gut. Anstatt regelmäßig ein Rhythmusmedikament zu nehmen, werden Medikamente bei diesem Konzept nur dann eingesetzt, wenn es zu einer Vorhofflimmer-Attacke kommt. Mit der Einnahme der Pille lässt sich der normale, regelmäßige Herzrhythmus meist innerhalb von ein bis zwei Stunden wiederherstellen. Ich hatte mich mit Blick auf die Tour auf den Kilimandscharo für diese Option entschieden. Zunächst nahm ich eine Tablette, und dann noch eine und noch eine. Aber die Wirkung setzte einfach nicht wie erhofft ein. Und der Vorrat war nun aufgebraucht. Mit dem Vorhofflimmern blieb die Unsicherheit. Und die Fragen: Was kann da alles schiefgehen? Ist es nicht völlig verrückt, in einer solchen Lage mit einer Gruppe junger Menschen auf den höchsten Berg Afrikas zu steigen?

Als wir auf der Kibo-Hütte eintreffen, erhalte ich von meinem Kardiologen die Rückmeldung: »Okay, Bodo, wenn dein Ruhepuls unter 120 liegt, kannst du versuchen, weiter aufzusteigen.« Nach wie vor hat mein Arzt Bedenken, weiß aber auch, dass es mein großer Traum ist, mit der Gruppe bis auf den Gipfel zu kommen. Meine Frau Claudia bekommt das alles mit. Das ist extrem schwer für sie, als Ärztin weiß sie genau, welches Risiko ich eingehe.

10 | WER TRÄGT WAS?

Nachdem wir uns in der Hütte eingerichtet und etwas ausgeruht haben, bereiten wir uns auf den entscheidenden Aufstieg am nächsten Tag vor. Die letzte Etappe auf dem Weg zum Gipfel. Vor dem Abendessen teilen wir dazu zwei Gruppen ein. Eine starke Gruppe mit guter Kondition, die mit Hubert Schwarz unterwegs sein wird. Und eine zweite, konditionell schwächere, die früher starten soll. In dieser Gruppe sind unter anderem Marie-Charleen, Natalie und Franzi mit von der Partie. Franzi hat sich bislang wacker geschlagen, aber auch ihr macht die große Höhe stark zu schaffen. Und Marie-Charleen hat auf der Tour stark abgenommen und zunehmend Kreislaufprobleme.

Es gilt jetzt, die Ausrüstungen noch einmal durchzugehen, alles zu kontrollieren und gegebenenfalls neu zu verteilen. Dabei geht es auch um die Unternehmensfahne, die wir natürlich bis ganz nach oben bringen wollen. Marie-Charleen hat sie bis hierher getragen. Von Anfang an ist dies ihre Aufgabe gewesen: die Fahne zu hüten und bis auf den Gipfel zu bringen.

Marie-Charleen sieht heute Abend wie ein Häufchen Elend aus. Sie zittert und ist total schlapp. Der Weg bis hierhinauf ist ihr unendlich schwergefallen. Und nun stellt sich mir die Frage, ob sie den Aufstieg mit ihrem ganzen Gepäck überhaupt noch packt. Schon als ich ihr das erste Mal begegnet bin, ist diese junge Frau an mir vorbeigeschlichen. Sie wirkte sehr zurückhaltend, um nicht zu sagen, unsicher, ich habe sie kaum auftreten gehört. Für mich war sie von Anfang an auch ein bisschen das Sorgenkind auf dieser Tour. Und das Gefühl, dass sie es nicht bis auf den Gipfel packt, wenn wir ihr nicht etwas Last abnehmen, beschleicht mich jetzt wieder. So sage ich spontan:»Marie-Charleen, du schaffst das nicht mit dem ganzen Gepäck.« Und an die Runde gerichtet, frage ich:»Wer nimmt statt ihr die Fahne?« Hubert meldet sich.

»Prima. So machen wir es.« Die Fahne wird weitergereicht. Aber dann denke ich: Du bist doch nicht ganz dicht, Bodo. Das kannst du nicht machen, einem jungen Menschen die Kraft der inneren Bilder nehmen, indem du ein derartiges Symbol wie die Fahne in andere Hände gibst. Normalerweise ist ein Hin und Her nicht mein Ding. Aber jetzt höre ich mich – fast ein wenig über mich selbst erstaunt – sagen:»Hubert, tut mir leid, aber ich habe einen Fehler gemacht. Die Fahne muss doch zurück zu Marie-Charleen. Sie trägt sie auf den Gipfel. Sie hat es angefangen, und sie wird dieses Vorhaben auch zu Ende bringen.« Und im gleichen Moment entscheide ich innerlich:»Ich gehe morgen früh mit der schwächeren Gruppe.« Denn in dieser Gruppe kann ich vermutlich am meisten Unterstützung leisten.

Doch stopp! Wie soll das gehen, in meiner Lage noch anderen zu helfen? Bin ich verrückt? Ich habe mich heute wirklich gequält. Die Füße waren schwer wie Blei, und mein Herz ist vor sich hin gestolpert. Mir geht es schlecht. Da macht es doch keinen Sinn, in einer solchen Situation noch anderen helfen zu wollen! Aber die Entscheidung für die schwächere Gruppe fällt im Bruchteil einer Sekunde. Es ist wie bei dem Satz über die Fahne: Beide Male entscheide ich intuitiv, so wie es viele von uns fast immer tun.

Ich weiß, dass ich mit meiner Entscheidung, die schwächere Gruppe zu begleiten, meine Chancen, auf dem Gipfel anzukommen, hochgradig minimiert habe. Das Vorhofflimmern macht mir ohnehin stark zu schaffen. Und ein zweiter, entscheidender Faktor kommt dazu: Wenn ich mit der ersten Gruppe langsam aufsteige, kann ich nicht in meinem eigenen Rhythmus gehen. Aber gerade das ist am Berg extrem wichtig: im Tritt zu bleiben, ruhig zu atmen, besonders dann, wenn es steil in die Höhe geht. Und ich weiß, der Rhythmus dieser Gruppe passt definitiv nicht zu meinem eigenen. Doch worum geht es eigentlich? Um meinen eigenen Erfolg oder um den der gesamten Unternehmung? Ich spüre, gegen alle Vernunft, dass meine Entscheidung für die zweite Gruppe die richtige ist. Es ist ein starkes Gefühl, eine tiefe Ahnung, viel entscheidender als alle Fakten.

Erfahrung statt Wissen

Die Fahne muss auf den Gipfel. Marie-Charleen schwächelt. Also gibt sie das Teil an jemanden weiter, der konditionell besser aufgestellt ist. Das sind die Fakten. Und meine Einschätzung lautet: So passt es nun viel besser. Aber ich spüre – obwohl alle rationalen Argumente dafürsprechen –, dass es falsch ist, so zu entscheiden. Dass in einer solchen Situation ein so wichtiges Symbol nicht einfach von einem zum anderen weitergereicht werden darf.

Wir streben oft danach, die Dinge zu optimieren. Alles soll gelingen, möglichst perfekt werden. Dabei entsteht vielfach der Eindruck, dass die Menschen dazu bestimmt sind, einem Konzept oder einem Unternehmen zu dienen – und nicht umgekehrt. Wie absurd! Denn der Mensch hat eine innere Bestimmung, der er folgen muss, damit das Leben gelingen kann. Und nur dann, wenn dies geschieht, indem Menschen glücklich werden, verändert sich die Welt, eine Unternehmung zum Guten. In dem Moment, in dem man versucht, einen Adler in einen Hasenkäfig zu stecken und Menschen kleinzuhalten, entsteht Leid. Und wir bleiben hinter unseren Möglichkeiten zurück.

Genauso fatal ist es, über den Kopf von jemandem hinweg zu entscheiden, ihm etwas zu nehmen, was ihm wichtig ist. Die Fahne zu tragen ist ein kraftvolles Zeichen, ein Stück weit auch eine Ehre, selbst wenn Marie-Charleen dies nicht so benennen würde. Es ging bei der Entscheidung um mehr als um ein Gepäckstück, das eineinhalb Kilogramm wiegt.

Durch reines Wissen geschieht vergleichsweise wenig. Viel entscheidender ist es, dass jeder Einzelne erkennt, was das Wesen einer Unternehmung ausmacht. Und was sein Beitrag dazu sein könnte. Und immer, wenn etwas gelingen soll – so habe ich es erfahren –, geht es vor allem darum, dass sich die Menschen eigenverantwortlich und aus einem guten Selbstbewusstsein heraus engagieren. Innere Bilder sind dabei leuchtende Orientierungspunkte. Wegweiser, die verhindern, dass ich unterwegs von der richtigen Route abkomme, weil ich darum weiß, welche Energie ich in herausfordernden Situationen entwickeln kann.

Unser Selbst besteht zu 100 Prozent aus inneren Bildern und ist so etwas wie die Summe unserer bisher im Leben gemachten Erfahrungen. All das, was wir aus einer Erfahrung heraus generieren, ist ein wesentlicher Teil unserer Identität. Etwas, auf das wir immer Zugriff haben, das präsent ist, ohne dass wir uns dessen bewusst sind.

Wenn wir aus Gewohnheiten ausbrechen wollen, müssen wir versuchen, neue, stärkere innere Bilder zu entwickeln. Und das gelingt nur durch ein intensives Erleben und Erfahren. Aus einem bewegenden Erleben entsteht das Bewusstsein innerer Stärke. Und aus dem Gleichklang von Sehnsucht und Erlebnis eine tiefe Freude. Immer mehr Menschen merken, dass ein gutes Leben weniger mit Wohlstand als mit gelingenden Beziehungen zu tun hat.

Wir lernen im Kindergarten, in der Schule, während einer Ausbildung oder im Studium. Wir bilden uns fort, besuchen Schulungen und Seminare. Das alles ist gut und wichtig. Aber es braucht im Leben mehr als Wissen. Dr. Friedrich Assländer, einer meiner Mentoren, formuliert es so:»Mein Wissen ist nichtig, mein Handeln ist wichtig.« Unser eigentlicher Schatz ist die emotionale Klugheit, die Weisheit, die sich aus unseren bisher gemachten Erfahrungen speist und sich in unseren inneren Bildern spiegelt.

Die Halbwertszeit von Wissen ist nicht ansatzweise zu vergleichen mit der von Weisheit.

Weisheit hat nichts mit Lehrbuchwissen zu tun. Es geht um die Verbindung zwischen dem Erlebten und dem Wissen, dem Fühlen und dem Lernen. Welche Verschwendung wäre es, wenn wir uns dessen nicht bewusst wären, was wir erlebt haben. Denn dann verpassen wir die Chance, daraus zu lernen.

Es geht darum, das gesamte Leben als eine Zeit zum Lernen zu verstehen – und nicht darum, sich auf ein bestimmtes Ziel hin zu bilden. Die kindliche Neugier, die Bereitschaft, sich auf den Weg zu machen, um etwas Neues zu entdecken, die gilt es zu bewahren. Entdeckerfreude, Lebenslust, Sehnsucht – all das wirkt wie ein Segel in der Brust.

Welche Abenteuer hast du als Kind erlebt? Gab es Momente, in denen du Raum und Zeit vergessen hast und in die absolute Gegenwärtigkeit des kindlichen Seins versunken bist? Was hat dich damals derart in seinen Bann gezogen? Und wie kannst du dieses Gefühl heute wiederentdecken?

Wissen mit Gefühl zu verbinden ist letztlich das, worum es bei einem gelingenden Leben geht. Es führt dazu, dass wir wachsen. Und deshalb sind die Erfahrungen, die wir alle auf der *Tour des Lebens* machen durften, so wichtig. Sich in Bewegung zu setzen, kann uns verwandeln. Aus der Raupe entsteht ein wunderschöner Schmetterling. Und der tanzt über die bunte Frühlingswiese – oder über einen Berghang in Tansania. Wann hast du dich zum letzten Mal richtig frei und unbeschwert gefühlt? Wann standest du das letzte Mal vor einer Entscheidung und hattest ein starkes Bauchgefühl, das dir den richtigen Weg gezeigt hat? Bist du ihm gefolgt, oder hast du dich an die Fakten gehalten?

MARIE-CHARLEEN // Wenn ich mich auf der Holzpritsche mit meinem Schlafsack von der einen auf die andere Seite drehe, tut mir alles weh. Die Luft im Raum ist stickig, fast alle von uns liegen halb wach in den Betten. An Schlaf ist kaum zu denken, seit Stunden habe ich Kopfschmerzen. Und mir ist leicht übel. Beim Abendessen habe ich kaum einen Bissen herunterbekommen. Bereits vor der Tour hatte ich Untergewicht. Und der Aufstieg hat sehr viel Energie gekostet. Jeder aus der Gruppe hat stark abgenommen, man merkt es daran, dass der Gürtel immer wieder ein wenig enger gestellt werden muss. Und ich merke heute Abend, dass ich total erschöpft bin.

Deshalb öffne ich nun den Brief, den mir die Kollegen aus dem Hotel mitgegeben haben. Sie hatten mir gesagt:»Wenn du unterwegs das Gefühl hast, dass du Unterstützung brauchst, mach den Umschlag auf. Wir denken an dich.«

Im Umschlag stecken lauter Kärtchen. Ich nehme eines nach dem anderen behutsam heraus und lese:»Mut steht am Anfang des Handelns, Glück am Ende.« Oder:»Es wird nicht leichter. Aber du wirst besser.« Jeder hat für mich einen kleinen Text aufgeschrieben, alle haben mitgemacht! Auch ganz persönliche Gedanken sind dabei. Beim Lesen musste ich manchmal lachen, so witzig sind die Motivations-Sprüche. Und mir kommen die Tränen vor

Rührung. Am meisten bewegen mich die Kärtchen von den Leuten, bei denen ich gar nicht damit gerechnet habe, dass sie mich unterstützen.

Mit dem Handrücken reibe ich mir die Tränen aus den Augen. Dann denke ich: So, jetzt gibst du dir einen Ruck und gehst morgen früh weiter in Richtung Gipfel. Jetzt bist du hier, jetzt gilt es. Und ja, das nehme ich mir fest vor: Ich werde es schaffen!

Auch motiviert hat mich Bodo, der selbst jetzt noch wollte, dass ich die Fahne auf den Gipfel trage. Ich kann und will ihn und die anderen nicht enttäuschen.

11 | EISREGEN

Um 23 Uhr machen wir uns wie geplant zum Aufstieg bereit. Der Rucksack ist gepackt, die Schuhe sind geschnürt, die Stirnlampe eingeschaltet. Ich stehe vor der Tür der Hütte und will gleich loslaufen. Mein Ruhepuls lag eben bei 118 – maximal 120 ist das Limit, das mir mein Arzt gesetzt hat. Ich habe beschlossen, den Aufstieg zu wagen. Bei Sonnenaufgang wollen wir auf dem Gipfel stehen. Die meisten von uns haben kaum geschlafen, höchstens drei oder vier Stunden, wenn überhaupt. Hier oben, auf 4700 Metern Höhe, überlegt man sich jeden Schritt. Alles ist anstrengend, ich bin körperlich völlig fertig und laufe wie auf Wackelpudding durch den Nebel, alles erscheint unwirklich.

MARIE-CHARLEEN // Es ist so weit: Jeder bekommt noch eine Tasse heißen Tee und, wer will, eine Schale voll Haferschleim. Ich will nicht. Ich bringe jetzt ohnehin keinen Löffel herunter und nehme mir vor, nachher einen Müsliriegel zu essen. Wenig später stehen wir im Schein unserer Stirnlampen vor der Hütte. Normalerweise würden mich bei einer solchen Kälte und bei einem derartigen Wetter – es schneit und regnet abwechselnd, der Wind ist eisig – keine zehn Pferde vor die Tür bringen. Wer hat sich in den letzten Tagen nicht die Frage gestellt, warum wir so etwas Verrücktes überhaupt machen?

Ich ziehe die Mütze noch etwas tiefer ins Gesicht, prüfe, ob der Rucksack richtig sitzt, und greife die beiden Trekkingstöcke. Dann ziehen wir los. Mit Lukas und Natalie bin ich in der Dunkelheit in einer Dreiergruppe unterwegs. Lukas passt auf uns beide auf. Er ist auf der Tour für mich so etwas wie ein großer Bruder geworden.

Und auch alle anderen aus der Gruppe sind für mich da, wenn ich sie brauche. Es ist ein schönes Gefühl, sich von den anderen unterstützt zu wissen!

Wir haben alles angezogen, was wir dabeihaben, und gehen dicht hintereinanderher. Im Licht unserer Stirnlampen konzentrieren wir uns nur auf den nächsten Schritt, den nächsten Atemzug. Für mich beginnen Stunden der Unsicherheit – in mehrfacher Hinsicht. Ich bin zwar darauf fokussiert, dass Marie-Charleen, Natalie, Franzi und Lukas vorankommen – aber auch stark mit mir selbst beschäftigt. Denn ich ahne, dass dieser Steilhang im Kilimandscharo-Massiv vielleicht der Ort sein wird, an dem es passiert. Der Ort, an dem ich sterbe.

Angst ist oft etwas, das uns auf etwas Wichtiges aufmerksam werden lässt. Und ich stelle mir jetzt die Frage, warum ich trotz meiner schlechten Vorahnung überhaupt auf diese letzte Etappe gestartet bin. Als ich darüber nachdenke, wird mir klar, wie wichtig es mir ist, gemeinsam mit den Jugendlichen den Gipfel zu erreichen.

Möglichst nüchtern versuche ich, das tatsächliche Risiko abzuwägen. Beim Vorhofflimmern treten ungeordnete elektrische Impulse am Herzen auf. Der Herzschlag gerät mit über 100 Schlägen pro Minute aus dem natürlichen Takt. Das ist zwar nicht direkt lebensbedrohlich, kann aber zu gefährlichen Folgeschäden, wie zum Beispiel einem Schlaganfall, führen. Denn das unregelmäßige Schlagen des Herzens stört die Blutströme, wodurch sich Blutgerinnsel bilden können. Wenn ein solches Gerinnsel mit dem Blutstrom ins Gehirn gelangt, besteht die Gefahr, dass es eine Arterie verstopft und einen Schlaganfall auslöst. Hier oben, weitab der Zivilisation, wäre dies fatal. Aber es hilft nichts, sich das alles bis ins Detail auszumalen.

Angst ist etwas, was uns dazu bringt, das Kommende mit Respekt zu betrachten. Sie verhindert, dass wir leichtfertig werden. Aber von ihr lähmen lassen dürfen wir uns nicht. Sorgen lassen sich leichter verarbeiten, wenn man sie ernst nimmt und angeht. Und rein nüchtern betrachtet, weiß ich: Dass ich wegen des Vorhofflimmerns hier oben auf dem Gipfelanstieg sterben muss, ist nicht sehr wahrscheinlich.

Du musst in deinem eigenen Rhythmus gehen

Der Weg ist kaum zu sehen. Wir stolpern durch eine Steinwüste, es geht immer wieder bergauf und bergab durch die zerklüftete Landschaft. Kontinuierlich gewinnen wir an Höhe.

Extrem langsam gehe ich hinter Franzi her und denke immer wieder: »Das ist nicht dein Tempo, Bodo. Du musst in deinem eigenen Rhythmus gehen, sonst krepierst du hier!«

Für den finalen Auf- und Abstieg zum Gipfel verbrennt man in 36 Stunden zwischen 25 000 und 30 000 Kalorien. Hinzu kommt der geringe Sauerstoffgehalt der Luft. All das stellt eine hohe Belastung für den Körper dar. Zum Vergleich: Bei einem Marathonlauf verbraucht man durchschnittlich nur ein Zehntel dieser Kalorienmenge.

Die ganze Zeit über fühle ich mich, mit dem gepressten Atmen, wie in einer Zwangsjacke, aus der ich nicht herauskomme. Ich weiß: So kann ich den Gipfel nicht erreichen. Und mir ist gleichzeitig klar: Es geht nicht anders. Ich muss in dieser Gruppe laufen. Immer wieder sage ich mir: »Bodo, du wirst hier gebraucht. Dein Platz ist an der Seite von Franzi, Marie-Charleen und Natalie.« Ja, darum geht es! Mein Ziel ist es, gerade diese Gruppe auf den Gipfel zu bringen. Ich will für diese Menschen da sein und alles für sie tun.

Nach einigen Hundert Höhenmetern geschieht es: Marie-Charleen bricht zusammen. Schon vorher ist sie unheimlich langsam gegangen. Jetzt sackt sie unvermittelt zu Boden und bleibt zitternd liegen. Das war's. Meine Vorahnung hat sich bestätigt. Marie-Charleen kann nicht mehr weiter. Und ich denke: »Bodo, was machst du hier eigentlich? Du trägst die Verantwortung!« Einen Moment lang male ich mir aus, was hier oben noch alles passieren könnte. Dass sich jemand aus unserer Gruppe schwer verletzt oder sogar in Todesgefahr kommt. Und mir stellt sich die Frage: Wie kann es für die Gruppe weitergehen, wenn der Sherpa oder ich mit dem Mädchen absteigen müssen?

MARIE-CHARLEEN // Vor meinen Augen verschwimmt alles. Ich bekomme schon die ganze Zeit über schlecht Luft. Und dann wird es dunkel. Als ich zu mir komme, liege ich auf steinigem Boden. Unser Sherpa und Bodo stehen neben mir, Lukas beugt sich zu mir herunter.

Ist der Traum für mich vorbei? Das darf nicht sein. Ich rapple mich auf, stütze mich an Bodos Schulter kurz ab und stehe wackelig wieder auf den Beinen. Dann sage ich zu den anderen: »Wir gehen weiter. Und ich bringe die Fahne nach oben.«

Ich will unbedingt auf den Berg. Unbedingt! Ich mache es nicht nur, weil wir es uns als Gruppe vorgenommen haben, sondern ich mache es vor allem auch für mich. Weil ich es will! Bodo erklärt mir noch einmal geduldig, wie ich beim Aufstieg besser mit dem Rhythmus von Ein- und Ausatmen klarkommen kann. Dann läuft er vor mir her und gibt den Takt vor. Meter für Meter kommen wir voran.

12 | EIN STÜCK PAPIER IN DER HAND

Ein Schritt – einatmen. Nächster Schritt – ausatmen. Weitergehen – einatmen. Nicht denken. Ausatmen. Im Jetzt sein. Einatmen – ausatmen – weitergehen. Fast wie bei einer Gehmeditation. Auch die Sherpas wiederholen dies immer wieder, wenn ich sie danach frage, was zu tun ist: Einatmen – ausatmen – weitergehen. Sei im Jetzt. Und wenn ich sie frage, wie weit es noch bis zum Ziel ist, geben sie meist keine Antwort. Es geht nicht darum, nach vorne zu denken, es geht nicht darum, den Blick in die Vergangenheit zu richten. Es geht einfach nur darum, im Hier und Jetzt unterwegs zu sein und weiterzugehen.

Immer wieder denke ich: Du musst dich um alle kümmern. Wie ein sorgender Vater, wie eine Mutter sich um ihre Kinder kümmert. Bestimmt zwei Stunden lang gebe ich den drei jungen Frauen den Takt von Gehen und Atmen vor. So kommen wir gut 400 Höhenmeter weiter. Schritt für Schritt in diesem Tempo.

Als Franzi langsamer wird, zurückbleibt und schließlich außer Sichtweite gerät, werde ich unruhig und laufe schnellen Schrittes ein Stück bergab, um nach ihr zu sehen. Der Sherpa, der uns auf dem Weg nach oben begleitet, geht derweil mit den anderen weiter.

Zum Glück ist alles in Ordnung, Franzi braucht einfach ihre Zeit. Ich steige wieder zu Marie-Charleen, Natalie und Lukas auf, die mit unserem Sherpa vorangegangen sind. Dabei verausgabe ich mich zusehends und merke, wie mein Puls immer heftiger pocht. Er hämmert in meinen Schläfen. Mir wird schwummrig, und ich hole mein Oximeter heraus. Zuletzt hatte ich einen Puls von 220 gemessen. Jetzt ist er wie aus dem Nichts auf 79 abgesackt.

Die Angst greift nach mir. Dann macht es plötzlich »plock«, und mir wird schwarz vor Augen. Ich schaffe es gerade noch, mich auf einen Stein zu setzen, der am Rand des Pfades liegt.

Als ich wieder zu mir komme, sitze ich noch immer dort und halte ein Stück Papier in der Hand. Intuitiv habe ich den kleinen Zettel anscheinend aus meiner Jackentasche gezogen. Meine Tochter hat ihn mir mit auf die Reise gegeben. Darauf steht: »Du schaffst das, und wir freuen uns, wenn du wieder zu uns nach Hause kommst.« Mir schießen die Tränen in die Augen. Ich schaue in Richtung Gipfel. Natalie, Marie-Charleen und Lukas stehen um mich herum und warten. Dann blicke ich wieder auf den Zettel. In diesem Moment wird mir klar, was ich zu tun habe. Ich schaue die Umstehenden an und sage leise zu ihnen: »Ihr geht weiter. Für mich ist das hier zu Ende. Ich bin an meine persönliche Grenze gekommen. Aber ich bin davon überzeugt, dass ihr es auch ohne mich bis auf den Gipfel schaffen werdet.«

Die drei scheinen einen Moment lang unentschlossen zu sein. Für lange Diskussionen fehlt die Kraft. Schließlich gehen sie mit einem unserer beiden Sherpas weiter. Ich schaue ihnen noch so lange hinterher, bis sie hinter dem nächsten größeren Felsblock verschwunden sind.

Mir ist nach wie vor schwindelig, aber ich stehe nun auf und wanke langsam in Richtung Tal.

Wenige Minuten später komme ich vor einer kleinen Gruppe von Menschen zum Stehen, die auf dem Weg zum Gipfel sind. Ich bin erschöpft, mir geht es schlecht, und entsprechend verstört blicke ich in die Runde und stelle zwei Fragen: »Hat jemand meinen Sherpa gesehen?« Und: »Wie weit ist es noch bis zur Kibo-Hütte?« Die Antworten, die ich bekomme, verwirren mich noch mehr: »Dein Sherpa steht direkt vor dir.«

Im Rückblick erschüttert es mich, in welcher Verfassung ich war. Die zweite Antwort ist ebenfalls ernüchternd: »Und bis zur Hütte sind es von hier aus sicherlich drei Stunden Fußmarsch.« Ich will es kaum glauben. Denn ich kann mich jetzt schon kaum noch auf den Beinen halten, so schwach fühle ich mich. Doch mein Sherpa fasst mich am Arm, und wir machen uns gemeinsam, Schritt für Schritt, an den weiteren Abstieg.

Was das Leben von uns erwartet

Monatelang hatte ich das innere Bild vor Augen, wie wir alle den Berg besteigen. Dieses Bild ist gerade zerbrochen. Die Ernüchterung darüber ist bitter. Aber da ist etwas unendlich Wichtigeres, etwas viel Größeres, das auf mich wartet: meine Familie – Claudia und unsere drei Kinder. Mir ist klar: Alles, was meine Rückkehr gefährdet, muss ich vermeiden. Ich habe das Gefühl: Wenn ich an dieser Stelle weitergegangen wäre, dann würde ich meine Rückreise im Frachtraum des Fliegers antreten. Und dieser Preis ist mir entschieden zu hoch.

Victor Frankl sagt sinngemäß: Es kommt nie und nimmer darauf an, was wir vom Leben noch zu erwarten haben, vielmehr lediglich darauf, was das Leben von uns erwartet. Wirklich Mensch sind wir nach seiner Auffassung nur dann, wenn wir in der Hingabe an eine Aufgabe, im Dienst an einer Sache oder in der Liebe zu einer anderen Person aufgehen und dabei unsere eigenen Wünsche hintanstellen. Er spricht in diesem Zusammenhang von Selbsttranszendenz und stellt fest, dass sich ein Mensch nur in dem Maße verwirklichen kann, in dem er etwas Sinnhaftes tut. Der Glaube daran, dass es jemanden oder etwas gibt, was uns erwartet, unterscheidet uns von Tieren – das macht uns zu Menschen.

Eine Selbstverwirklichung, die nicht darauf abzielt, etwas zu realisieren, was über unser eigenes Dasein hinausgeht, ist aus Sicht von Victor Frankl »sinn-los«.

Die Liebe, die mich trägt, ist die meiner Familie. Und es ist Zeit, die eigenen Wünsche hintanzustellen. Das spüre ich in diesem Moment total intensiv. Es hat die größte Bedeutung, denn meine Familie braucht mich. Und ich brauche sie.

Eine wunderbare Nachricht

Es fängt gerade an zu dämmern, als ich auf einmal ein leises Ping höre. Ein heller, unerwarteter Ton inmitten der Steinwüste. Ich ziehe die Handschuhe für einen Moment aus, krame das Mobiltelefon aus der Innentasche meiner Jacke und halte das Display ziemlich dicht vor mein Gesicht, um besser lesen zu können. Eine SMS ist eingegangen. Als ich die Botschaft von Hubert Schwarz lese, kann ich mein Glück kaum fassen: »Alle sind oben.« Darum ging es!

Die Nachricht, dass alle anderen den Aufstieg geschafft haben, löst in mir eine unbeschreibliche Freude aus. Inmitten dieser bizarren Welt am Steilhang des höchsten Berges Afrikas ist es einer der schönsten Momente meines Lebens! Trotz aller Erschöpfung fühlt sich das gerade alles einfach großartig an. Mission completed!

Als mein Sherpa und ich endlich an der Hütte ankommen, ist mein Puls immer noch unten. Und meine Lage ist nicht besser geworden. Denn durch den niedrigen Blutdruck habe ich zu wenig Sauerstoff im Blut und muss mich die ganze Zeit über bewegen, um den Kreislauf in Schwung zu bringen, weil ich sonst noch schlechter Luft bekomme. Wie ein Tiger im Käfig laufe ich umher, gehe den Flur in der Hütte auf und ab. Dann muss ich mich kurz anlehnen, weil mir derart schwindelig ist, dass ich kaum aufrecht stehen kann und ich durch die Gegend taumele. Deswegen lege ich mich aufs Bett, bin aber gleich darauf wieder auf den Beinen, weil im Liegen meine Sauerstoffsättigung so weit abnimmt, dass ich das Gefühl habe, zu ersticken. In dieser Verfassung warte ich sehnsüchtig auf das Eintreffen der anderen Teilnehmer, um dann mit ihnen weiter abzusteigen. Marie ist die Erste, die ich sehe. Ein Moment, den ich nicht vergessen werde.

Als wir Stunden später, nach 21 Kilometern Wegstrecke, 1200 Höhenmetern Aufstieg und 2200 Höhenmetern Abstieg mit der gesamten Gruppe wieder die Horombo-Hütte unterhalb der Zebra-Rocks erreichen, habe ich das Schlimmste noch nicht überstanden.

Mein Körper hat sich zwar etwas von dem Vorhofflimmern erholt. Doch ich bin hundemüde und völlig erschöpft. Jetzt will ich nur noch schlafen. Doch sobald ich mich hinlege, habe ich wieder das Gefühl zu ersticken. Jetzt ist es noch extremer als heute Mittag, und für mich beginnt eine üble Nacht. Es ist, als ob ich in einem Gefängnis stecke, aus dem ich nicht fliehen kann. Eine bedrohliche Situation, die nicht enden will. Dieser Zwiespalt: Du musst schlafen, aber du darfst es nicht, weil du dann erstickst.

Es kam anders ...

Als Führungskraft habe ich auf unserer Tour im Hintergrund agiert und versucht, alle zu motivieren und ihnen Mut zu machen, ihr volles Potenzial auszuschöpfen. So verstehe ich generell meine Aufgabe. Führen bedeutet, sein Handeln in den Dienst der Gemeinschaft zu stellen. Ich habe bewusst darauf verzichtet, konkrete Ansagen zu machen, was der oder die Einzelne zu tun oder zu lassen hatte. Eigenverantwortung wurde großgeschrieben. Dennoch hatte ich den Eindruck, dass ich unabkömmlich bin, damit alle das Ziel unserer Reise erreichen. Es kam anders. Alle aus unserer Gruppe hatten auf dem Weg zu einer inneren Stärke gefunden, sodass sie keinen Anführer mehr brauchten. Für die jungen Teilnehmer war es ein Wahnsinns-Gipfelerlebnis. Und für mich war es trotz der Grenzerfahrung ein Geschenk, dass ihr Aufstieg geglückt ist und alle Azubis es geschafft haben.

Dadurch, dass ich nicht mehr weitergehen konnte, wurde in den drei jungen Frauen, denen ich bislang geholfen hatte, weitere Energie freigesetzt. Lukas und die drei waren sich als Gruppe einig:»Jetzt tragen wir Bodos Idee weiter.«»Das mussten wir ja«, so resümiert es Marie-Charleen. Sie ist tatsächlich bis ganz nach oben gekommen und hat dabei sogar noch andere mitgezogen. Am Ende war sie diejenige, die am Williams-Point, dem ersten Gipfel, die anderen Teilnehmer, die an dieser Stelle umdrehen wollten, ermutigt hat:»So, jetzt gehen wir weiter!«

Hubert Schwarz hat im Rückblick auf unsere Tour gesagt:»Das kenne ich so nicht. Es gibt sonst in jeder Gruppe größere Ausfälle. Dass es fast alle auf den Kilimandscharo schaffen, ist selten.« Es gab nur einen einzigen Ausfall in unserer Gruppe – und der war ich. Und dennoch empfinde ich, wenn ich an die Tour denke, riesige Freude, große Zufriedenheit und absolute Dankbarkeit.

Männer tun sich vermutlich schwerer als Frauen mit der Entscheidung, aufzugeben. Getreu unserer Prägung und dem Motto:»Ein Indianer kennt keinen Schmerz«, oder:»Was uns nicht umbringt, macht uns hart.« Manchmal agieren wir wie eine Marionette, deren Fäden mit unserer kindlichen Prägung verknüpft sind. Oftmals sind es seelische Verletzungen aus unserer Kindheit. Dies verleitet uns dazu, die Realität im Hier und Jetzt zu leugnen. Es geht deshalb darum, gerade in solchen Situationen Verhaltensmuster zu erkennen.

Wer weiß, wie sich alles entwickelt hätte, wenn ich mit der stärkeren Gruppe aufgestiegen wäre? Hätten alle aus der schwächeren Gruppe dann auch ohne meine Unterstützung auf den ersten Kilometern den Aufstieg bis nach ganz oben geschafft? Und was wäre mit mir gewesen? Wäre ich vielleicht trotzdem irgendwo unterwegs zusammengebrochen, obwohl ich meinen eigenen Rhythmus hätte gehen können? Das kann keiner wissen.

Aber eines weiß ich: Am Ende hätte ich mir Vorwürfe gemacht und mir die Frage gestellt, weshalb ich die Gruppe, die ich führte, im entscheidenden Moment sich selbst überlassen habe – nur weil ich mein eigenes Tempo gehen wollte. Wenn ich auf dem Gipfel gestanden hätte, aber einige Jugendliche wären nicht dabei gewesen – dann wäre die ganze Tour letztlich sinnlos gewesen. Denn mein Ziel war es, den jungen Menschen ein Erfolgserlebnis zu ermöglichen.

Sicherlich wäre ich auch gerne bis ganz nach oben gekommen. Aber das war nicht der entscheidende Punkt. Für mich ging es dort oben am Berghang auch nicht ums Ankommen oder Scheitern. Im Nachhinein ist mir bewusst geworden: Wäre es nur um mich selbst gegangen, hätte ich vermutlich anders entschieden. Aber in dem Moment, als meine Familie ins Spiel kam, ging es um mehr. Da ging es um die Verantwortung, die ich als Vater und Ehemann trage.

Was ich an diesem Tag gelernt habe? Vielleicht das: In manchen Situationen einfach früher loszulassen und den Menschen um mich herum mehr zuzutrauen. Ich bin vor dem Gipfel umgekehrt. Und das Leben ist trotzdem weitergegangen. Oder für mich vielleicht gerade deswegen.

13 | ES IST DEINE GESCHICHTE

MARIE // Mein Blick schweift in die Ferne, wir stehen über den Wolken am höchsten Punkt Afrikas, dem Uhuru-Peak auf 5895 Metern Höhe. Der Ausblick ist überwältigend. Ringsum ein wunderbares Spiel der Farben. Vor dem frühen Morgenhimmel zeichnet sich die Silhouette des Mawenzis ab.

Wir halten die Unternehmensfahne in den Händen, lachen in die Kamera und sind einfach überglücklich. So lange haben wir uns auf diesen Augenblick gefreut. Jetzt ist er gekommen! Es ist wunderbar und zugleich irgendwie unwirklich. Eines steht fest: Diesen Moment werde ich nie vergessen!

Unterwegs gab es so viel zu sehen, zu fühlen, zu hören und zu schmecken: die fröhlichen Menschen, die tapferen Sherpas, das abendliche Tanzen vor den Hütten, die Lieder, die wir gemeinsam gesungen haben. Der dampfende Tee am Morgen. Das Waschen bei Eiseskälte – und die kuschelige Wärme des Schlafsacks. Wir hatten auf dieser Tour wirklich alles: Von plus 35 bis minus 16 Grad.

Gemeinsam auf dem Gipfel zu stehen – das war so lange unser Ziel. Neun Monate haben wir uns auf diese Tour vorbereitet. Aber ich hatte keine Ahnung, was es wirklich bedeutet, mehr als 4000 Höhenmeter aufzusteigen. So schwer hatte ich es mir nicht vorgestellt; keiner aus unserer Gruppe. Die große Höhe hat uns allen zu schaffen gemacht, und die letzten Kilometer waren der Hammer. Es hat sehr viel Überwindung gekostet, den nächsten Schritt zu gehen. Und dann noch einen. Und noch einen.

Ein eisiger Wind lässt mich frösteln, und mir laufen die Tränen über die Wangen, so kaputt bin ich. Und zugleich so glücklich. Ich schwanke, ich taumle hin und her und muss mich an Lennart festhalten, damit ich nicht umfalle. Aber ich bin oben! Wir haben es tatsächlich geschafft! Bei aller Freude nagt ein Gedanke an mir: Ich muss hier auch wieder runter ...

Die Kraft der inneren Bilder

Wenn wir etwas ganz besonders Beglückendes erleben oder eine riesige Herausforderung bestehen, hält unsere Erinnerung diese inneren Bilder, die von intensiven Gefühlen begleitet sind, dauerhaft fest. Ganz tief prägen sie sich in unser emotionales Gedächtnis ein: der Sonnenaufgang am Gipfel, all die Farben. Die weiß-blaue Fahne, die im Wind flattert. Die Tränen, die wir vor Erschöpfung und vor Freude geweint haben. Die Wärme der Umarmungen. All das vereint sich in dem unglaublichen Gefühl:»Das habe ich geschafft!«

Wenn wir später auf solche Touren wie die Besteigung des Kilimandscharo zurückschauen, dann merken wir, dass sich durch das Erlebnis etwas in uns verändert hat. Große Freude, Gelassenheit, Demut, aber auch ein bisschen Stolz stellen sich ein, sobald die Bilder vor unserem inneren Auge vorüberziehen. Und ganz erstaunlich: Die Erinnerungen an die Strapazen beim Aufstieg verblassen im Rückblick. Der Regen, die Kälte, die Schmerzen in den Beinen, der schale Geschmack der Haferschleimsuppe und die Übelkeit – all das rückt in den Hintergrund. Klar, wir erinnern uns auch daran. Aber es hat keine große Bedeutung mehr für uns. All die Widrigkeiten liegen weit hinter uns, wir haben sie überwunden! Und die schönen Bilder überstrahlen das Düstere. Das Glück, das wir erlebt haben, es trägt weiter.

Viele solcher Erinnerungen kann ich wieder und wieder abrufen. Und wenn es wirklich starke Bilder sind, bringen sie nicht nur Glanz in mein Leben. Sie wecken auch die Lust, Neues zu wagen. Immer wieder können uns derartig energiegeladene innere Bilder neue Kraft verleihen und zum Antreiber für unser Tun werden. Über die Jahre sammeln wir solche Erinnerungsschätze, die dazu führen, dass wir im Idealfall nie mehr vergessen, wie sich ein kraftvolles Leben anfühlt. Das Gipfelerlebnis ist Teil der eigenen Geschichte geworden. Und wir leben fortan das, was wir selbst für uns erfahren haben. Der Eindruck:»Ich habe etwas geschafft, was eigentlich unglaublich ist«, er bestärkt uns darin, auch in Zukunft Außergewöhnliches zu wagen. Wir wissen nun, dass in uns eine unglaubliche Kraft steckt, die wir vorher im besten Fall erahnt, aber nicht gekannt haben. Etwas, was alle unsere Begrenzungen überwunden und Türen geöffnet hat, die vorher für uns verschlossen waren. Das beflügelt ungemein. Und das ist einer der Gründe, weshalb die Erfahrungen, die mit einer solchen Tour einhergehen, so essenziell sind. Was die Menschen dabei erleben, einüben, fühlen – das ist in seiner Bedeutsamkeit und Wirksamkeit für den Rest des Lebens unglaublich wertvoll. Hubert Schwarz bin ich unendlich dankbar für seinen Mut, die wohl erste Tour überhaupt mit einer Gruppe Auszubildener auf den Kilimandscharo zu machen. Ebenso auch für seine sorgsame Vorbereitung, die gute Begleitung und kraftvolle Führung. Ohne ihn wäre diese Tour so nicht möglich gewesen, da bin ich mir sicher.

Jeder hatte bereits auf dem Weg zum Gipfel ein persönliches Bild, das er sich vor Augen gemalt hat. Das ihn vorantrieb. Für Marie-Charleen war es das Bild:»Wir kommen dort oben zusammen an und halten gemeinsam die Unternehmensfahne hoch.«

Lukas hat auf dem Gipfel das Bild seiner verstorbenen Mutter herausgeholt. Von Anfang an war dies sein Plan: den Weg bis auf den Gipfel zu gehen, um seiner Mutter nahe zu sein. Oben angekommen, zog er das Foto aus der Innentasche seiner Jacke und hielt es der Sonne entgegen.

Wenn ich die Bilder der Gruppe auf dem Gipfel betrachte, erfasst auch mich jedes Mal aufs Neue ein tiefes Glücksgefühl – obwohl ich in diesem Moment selbst gar nicht anwesend war. Aber mit dem Herzen war ich dabei!

Welche inneren Bilder unterstützen dich beim Überwinden schwieriger Situationen?

Mehrfach durfte ich erfahren, dass es so viel Kraft schenkt, sich seine positiven inneren Bilder von Zeit zu Zeit vor Augen zu führen. Und sich damit immer wieder bewusst zu werden, wie wichtig es ist, für all das Gute – das es in jedem Leben gibt – einfach Danke zu sagen!

14 | FÜR WEN EIGENTLICH?

Wofür machen wir das eigentlich? Bis ans Ende der Welt fahren, Tausende von Höhenmetern aufsteigen, tagelang durch den Regen laufen, uns derart abmühen? Was treibt uns an, das scheinbar Unmögliche zu versuchen, Grenzen zu überwinden und uns großen Risiken auszusetzen? Weshalb gehen wir weiter, auch wenn wir merken, dass unsere Kräfte nachlassen? Es sind die starken Gefühle, die uns auf eine bestimmte Fährte setzen. Unsere Sehnsucht, die uns antreibt, etwas zu wagen und vielleicht sogar alles auf eine Karte zu setzen. Eine Idee, die uns fasziniert, ein lohnendes Ziel, das auf uns wartet. Ein bestimmtes Bild, das wir vor Augen haben. Aber vor allem sind es die Menschen, mit denen wir unterwegs sind. Menschen, die uns stärken, weil wir spüren, dass sie es gut mit uns meinen. Und von denen wir wissen, dass wir ein gemeinsames Ziel haben. Marie-Charleen berichtet davon, dass sie sich von der Gruppe getragen wusste. Die Begegnungen mit anderen Menschen sind es, die das Leben reich machen, weil sie uns inspirieren und dazu antreiben, über uns selbst hinauszuwachsen. Den anderen mit all seinen Problemen, Schwächen und auch seinen menschlichen Qualitäten anzunehmen, das ist entscheidend, wenn ein derartiges Vorhaben wie die *Tour des Lebens* auf den Kilimandscharo gelingen soll.

Es gibt nicht den einen, richtigen Weg zur Selbsterkenntnis, sondern es geht stets um meine persönliche Wahrnehmung dessen, was ist. Wie sehe ich mich in einer bestimmten Situation? Was vermag ich zu leisten und was nicht? Wo liegen meine

Begrenzungen? Was sind meine Begabungen? Welche inneren Bilder helfen mir, Hindernisse auf meinem Weg zu überwinden?

Wenn ich mich selbst nicht richtig spüre und wahrnehme, was ist, habe ich auch überhaupt nicht die Basis, mir selbst zu vertrauen. Die Selbsterkenntnis ist eine wichtige Voraussetzung für ein gesundes Selbstvertrauen. Und ich darf wissen, dass es nicht schlimm ist, wenn ich nicht alles vermag und mir nicht alles gelingt. Keiner ist perfekt. Und jede und jeder macht irgendwann die Erfahrung, dass er nicht alles selbst in der Hand hat. Wir sind von anderen abhängig. Und in unserem Gegenüber erkennen wir uns letztlich immer auch ein Stück weit selbst.

Wir sind auf der *Tour des Lebens* einander nahegekommen, haben miteinander gelacht und einander getröstet. Im aufkeimenden Konflikt haben wir gespürt, welche Positionen wir aufgeben müssen, um dem anderen Raum für seine Entfaltung zu geben. In der Enge der Hütten und beim Aufstieg im Regen waren Gelassenheit und Demut gefordert, und manches Mal musste man die Zähne zusammenbeißen. Es muss uns nicht jede Situation und jede Eigenart unseres Gegenübers gefallen – aber es ist wichtig, gut damit umzugehen.

Das Aufeinanderbezogensein hat uns auf unserer Tour gutgetan. Freundschaften sind entstanden. Wir haben einander die Hand gereicht und uns aufgeholfen. Und wie gut ist es, meine Freude und meine Sorgen teilen zu dürfen!

MARIE-CHARLEEN // Du, Bodo, warst für uns alle so etwas wie eine Vaterfigur. Kurz vor dem Aufstieg zum Gipfel des Kilimandscharo, als es mir richtig schlecht ging, hast du mir eine Dattel angeboten, damit mein Kreislauf in Schwung kommt. Das werde ich niemals vergessen. Wie sehr du in dieser Situation auf mich aufgepasst hast. Das war mehr als nur Sympathie, es war ein fürsorgliches Miteinander, wie in einer gut funktionierenden Familie. Zu allen, die mit dabei waren, habe ich eine geradezu geschwisterliche Nähe gespürt. Jeder hat darauf geachtet, dass alle mitkommen. Ob es die Dattel war, die mir Kraft gegeben hat, – oder die liebevolle Zuneigung der anderen, das kann ich nicht sagen. Vermutlich beides. Mein innerer Akku war jedenfalls plötzlich wieder aufgeladen, und ich konnte weitergehen. Es hat für das restliche Stück Weg bis ganz nach oben auf den Gipfel gereicht.

Am Gillmens-Point, das ist der erste Gipfel des Kilimandscharo-Massivs, das im Wesentlichen aus drei erloschenen Vulkanen besteht, wollten Benedikt und Kai eigentlich nicht mehr weiter aufsteigen. Die beiden haben gesagt:»Ach komm, lass uns hierbleiben. Wir haben den Berg bis hierhin bestiegen. Das reicht.« Aber ich habe sie dann doch motivieren können.

Vom Gillmens-Point ging es weiter zum Stella-Point auf 5.756 Meter Höhe. Von dort aus verläuft der Weg zum höchsten Punkt, dem Uhuru-Peak, der noch gut 140 Meter höher ist, über einen Kamm. Der Wind fegt eiskalt und mit hoher Geschwindigkeit über die steinige Fläche. Das hat einem wirklich die letzten Kräfte abverlangt, aber irgendwie habe ich es trotz allem geschafft. Später habe ich beim Betrachten der Fotos gesehen, dass ich in dieser Situation ganz blaue Lippen hatte. Es war das Anstrengendste, was ich bislang gemacht habe. Aber es war auch eine ganz, ganz tolle Erfahrung.

Von Benedikt habe ich erfahren, dass er bei der Entscheidung, am Gillmens-Point doch noch weiterzugehen, einfach Angst um mich hatte. Dass er befürchtete, dass ich noch einmal zusammenbrechen könnte, weil ich so wackelig auf den Beinen war. Deshalb ist er bis ganz nach oben mitgegangen, um mich im Zweifelsfall unterstützen zu können. Aber es war letztlich auch für ihn wichtig, dass er es gemacht hat. Und danach hat er sich mehrfach bei mir bedankt, dass ich ihn mitgenommen habe. Das fand ich ganz toll. Und das Bild, wo wir mit der großen Unternehmensfahne am Gipfel zusammenstehen, hat sich fest in meine Erinnerung gebrannt. Gemeinsam haben wir sie ausgebreitet und hochgehalten.

Auf dem Rückweg sind wir ein Stück den Berg hinuntergerodelt. Und weiter unten im Wald hat es so stark geregnet, dass das Wasser in meinen Schuhen stand. Bei jedem Schritt hat es so stark »patsch, patsch« gemacht, dass ich darüber lachen musste. Es war ein euphorisches Gefühl, den Aufstieg geschafft und das Ziel gemeinsam erreicht zu haben.

Für mich war es die erste Trekkingtour überhaupt. Als ich nach Hause kam, waren meine Eltern sehr stolz auf mich. Das war ein schönes Gefühl. Mehrfach ist in der Zeitung über die Tour berichtet worden, auch bei uns in der Region. Und da wurde dann auch mein Name erwähnt. Den Zeitungsartikel haben sich meine Eltern eingerahmt. Dafür, dass ich dabei sein durfte, bin ich total dankbar. Und auch für alles, was sich daraus entwickelt hat. Dass ich zu der Person geworden bin, die ich jetzt bin.

Mit ganz vielen, die damals mit dabei waren, habe ich immer noch Kontakt, auch wenn ich wie die meisten das Unternehmen mittlerweile verlassen habe. Wir sind inzwischen über ganz Deutschland verstreut, manche arbeiten sogar im Ausland – doch wir haben weiterhin einen guten Draht zueinander. Wann immer wir uns sehen oder voneinander hören, ist da eine große Verbundenheit.

15 | SEHEN UND GESEHEN WERDEN

Unser Ansehen entsteht dadurch, dass wir angesehen werden. Es ist entscheidend, auf welche Weise dies geschieht – wie wir von anderen angesehen werden. Schaut sie oder er mich fürsorglich an? Vielleicht sogar liebevoll und zuvorkommend? Oder sind es abwesende, skeptische oder gar abweisende Blicke, die mich treffen? Welches Bild mag unser Gegenüber von mir haben? Ist er mir freundlich gesinnt? Oder lehnt mich jemand als Person schlichtweg ab? Und wenn ja, woran liegt das?

Wie wirke ich gerade jetzt, in diesem Augenblick, wo wir uns gegenüberstehen? Merkt man mir meine Unsicherheit an? Oder kann ich meine Zweifel und das seltsame Gefühl, das mich die ganze Zeit über beschleicht, hinter einem freundlichen Lächeln oder einer gelassen wirkenden Miene verbergen?

Sicherlich kennt jeder solche Momente in seinem Leben. Wenn wir uns auf ungewohntem Terrain bewegen, ist die Unsicherheit besonders ausgeprägt. Aber auch mit Menschen, die wir gut zu kennen meinen, ist es zuweilen schwierig. Wie soll ich die hochgezogene Augenbraue deuten? Hat mein Gegenüber mich durchschaut? Ärgert es sich vielleicht gerade über mich? Oder ist es nur ein kurzes Erstaunen über eine unerwartete Wendung in unserem Gespräch?

Unsere persönliche Interpretation einer Situation löst etwas in uns aus: Ich bekomme vielleicht einen Schweißausbruch, weil mich eine diffuse Angst ergreift, wohin diese Situation führen könnte. Ich spüre erleichtert: Uff, das geht anscheinend gerade noch einmal gut. Lass dir jetzt bloß weiterhin nichts anmerken. Oder mich durchzuckt freudig der Gedanke: »Du hast es einfach drauf. Das bekommst du locker hin. Das Problem, das eben für einen Moment aufblitzte, kannst du ganz gelassen wegatmen.« Es liegt daran, wie wir uns in solchen Situationen selbst spüren, wie wir unsere Emotionen im Griff haben und wie schnell wir reagieren. Dabei spielen das Selbst – die Summe unserer Erfahrungen – und das Selbstbewusstsein, das wir haben, eine entscheidende Rolle. Man merkt es uns an, ob wir uns selbst annehmen, uns so lieben, wie wir sind. Dies bewirkt, ob wir ängstlich oder gelassen, unsicher oder selbstsicher auftreten, wenn wir unserem Gegenüber in die Augen sehen. Und in Windeseile entscheidet sich, wie sich eine Begegnung und ein Gespräch entwickeln werden.

Wer schon einige schlechte Erfahrungen gemacht oder das Gefühl hat, den Ansprüchen der anderen nicht zu genügen, der wird nicht entschlossen und freudig in eine neue Situation hineingehen, sondern vielmehr versuchen, alles zu vermeiden, was weitere Probleme hervorrufen könnte. Ganz anders ist es, wenn jemand von sich sagen kann:»Ich genieße ein hohes Ansehen.« Da geht es nicht um Würdenträger, sondern um diejenigen, die Wertschätzung durch andere erfahren haben. Sie werden geachtet, als Gesprächspartner geschätzt. Sie genießen einen guten Ruf, ihr Name hat einen positiven Klang. Wer so unterwegs sein darf, der tritt ganz anders auf. Und ihm öffnen sich viele Türen.

Eines ist klar: Wo immer Menschen liebevoll und wertschätzend, vertrauensvoll und zuvorkommend angesehen werden, bewirkt dies, dass sie aufstehen. Aufstehen zum Leben. Und dann zieht das Glück in ihr Dasein ein. Das Bild, das sich andere und damit auch wir selbst uns von uns und unserem Leben machen, es bestimmt unser Selbstbewusstsein.

Glückliche Menschen sind schön, egal wie sie aussehen. Das hat mit dem Ansehen zu tun, das ich genieße. Wie ich von denjenigen oder dem einen angesehen werde, der mich bedingungslos liebt.

In vielen biblischen Gleichnissen wird geschildert, wie Jesus die Menschen heilt, indem er sie ansieht. Der Blinde schaut auf zu Jesus. Er fühlt sich gesehen. Und dann steht er auf und kann sehen. Und der Lahme nimmt seine Bahre und geht.

Drei verschiedene Sichtweisen

Wenn wir die Welt um uns herum betrachten, dreht sich vieles um äußerliche Dinge oder um die Vorstellung, die sich andere von uns machen. Aber wir können tiefer sehen!

Der Franziskanerpater und christliche Weisheitslehrer Richard Rohr spricht von drei verschiedenen Sichtweisen, die Welt zu sehen, und beschreibt dies am Beispiel von drei Männern, die aufs Meer blicken und einen Sonnenuntergang beobachten. Der eine freut sich einfach an diesem wunderbaren Anblick. Mit allen Sinnen nimmt er die Situation wahr. Er sieht die Farben, hört das Geschrei der Möwen und riecht das Meer. Das erste Auge erkennt das, was zu sehen ist.

Der zweite Mann betrachtet denselben Sonnenuntergang. Auch er freut sich über die Schönheit dieses Naturereignisses. Aber er denkt gleichzeitig über die dahinterliegenden Naturgesetze nach. Sein Verstand hat eine Erklärung für die herrlichen Farben und die bald darauf folgende Finsternis parat. Das zweite Auge ist das der Erkenntnis. Was weiß ich? Und was kann das alles bedeuten?

Der dritte Mann nimmt all dies ebenfalls wahr. Aber er verweilt nicht nur ganz im Augenblick, sondern erfasst ihn als Teil eines großen Zusammenhanges. Im Schauen und Wissen um die Geheimnisse der Natur weiß er sich mit allem verbunden.

Er braucht den Sonnenuntergang nicht zu beschreiben oder zu beweisen, er genießt ihn einfach – und noch viel mehr. Er sieht alles mit den Augen eines Mystikers, der im Schauen, Fühlen und Wissen die Einheit und Ganzheit der Schöpfung erfasst, aber darüber hinaus in die Tiefe sieht. Er betrachtet sein Dasein in diesem Moment auch als Geheimnis Gottes.[3] Das französische Wort »mystère« bedeutet übersetzt »Geheimnis«.

Jeder hat ein anderes Bild der Welt. Wir schauen auf denselben Sonnenuntergang, aber jeder sieht etwas anderes.

Auf unserer Tour hatte ich immer wieder Tränen in den Augen, so stark hat mich all das beschäftigt, was ich erlebt habe. Und ich betrachte es als Geschenk, die Geschichten von unterwegs und die inneren Bilder, die sich dahinter verbergen, heute noch einmal zu reflektieren.

Das stärkste Bild, das ich von den Touren mitgenommen habe, ist zu sehen, wenn in den Augen der Menschen das Licht angeht. Wenn sie anfangen zu leuchten. Wenn im Gesicht eines erwachsenen Menschen die Augen eines Kindes strahlen. Das ist ein ganz wunderbarer Moment. In solchen Augenblicken weiß ich, warum ich jeden Morgen aufstehe: Menschen auf einem Weg zu begleiten, auf dem sie das echte Leben spüren – das treibt mich an. Nichts, was du dir kaufen kannst, schenkt dir etwas Vergleichbares. Ein Bekannter, Michael Buttgereit, formuliert es so: »Wir müssen aufhören zu glänzen und anfangen zu leuchten.« Und auch der Psychoanalytiker Victor Frankl hat dieses Geschehen, wenn das Leben zurückkehrt, als »Licht anknipsen« geschildert. Das ist es, was mich tief berührt.

So war es, als ich auf der Kibo-Hütte auf die Ankunft der Gruppe gewartet habe. Und dann kamen sie, einer nach dem anderen. Und ihre Augen leuchteten.

16 | EIN LIEBESBRIEF FÜR JEDEN

Wir sitzen im Flugzeug, sind auf dem Rückweg und gerade dabei, ein paar wertschätzende Gedanken aufzuschreiben. Aus den Notizen soll dann später für jeden Teilnehmer der Tour ein persönlicher *Love Letter* zusammengestellt werden. Ein Brief, in dem festgehalten ist, wie wir einander erlebt haben. Und was wir aneinander besonders schätzen. Auch ich zücke meinen Stift und lasse die verschiedenen Gesichter vor meinem inneren Auge vorbeiziehen: Marie, Franzi, Jan-Henrik, Marie-Charleen, Lynn, Natalie, Benedikt, Lukas, Kai, Udo, Axel, Cay, Kristian, Lennart, Christof und Hubert – für jede und jeden schreibe ich ein paar Sätze auf. Was mich begeistert, was ich besonders schätze. Zum Beispiel die unglaubliche Freundlichkeit oder das stets offene Ohr für die Anliegen anderer. Die Gelassenheit, wenn es schwierig wurde. Die Fähigkeit, das Wesentliche zu erkennen und zu formulieren. Die Schnelligkeit im Entschluss und die Kraft, es am Ende tatsächlich durchzuziehen. Und das Auge für die kleinen, kostbaren Momente am Wegesrand oder der Blick für das große Ganze. Und es fällt mir zu jedem, zu wirklich jeder einzelnen Person viel Gutes ein! Dann denke ich an meine Lieben zu Hause. Wie sehr freue ich mich auf unser Wiedersehen!

Zwischendurch mache ich Pause und schaue mich um. Einige aus unserem Kreis unterhalten sich leise miteinander. Andere sind gleich nach dem Start vor Erschöpfung eingeschlafen. Dass wir die Tour alle ohne größere Blessuren überstanden haben, stimmt mich dankbar. Franzi sitzt zwei Reihen weiter und schreibt in ihr Tagebuch. Als sich unsere Blicke treffen, verrät ein fröhliches Blitzen in ihren Augen, dass die Tour auch bei

Franzi Spuren hinterlassen hat. Sie ist deutlich selbstbewusster geworden. Keine Spur von Unsicherheit mehr. In einigen Wochen wird jeder seinen persönlichen *Love Letter* bekommen und sich sicherlich darüber freuen. Und ich denke: Wie oft sagen wir im Alltag einander das Gute? Unseren Kindern, den eigenen Eltern, unserem Lebenspartner, dem Freund, der Kollegin, dem Mann am Schalter oder der Verkäuferin, die uns so freundlich bedient? Und auch denen, die gerade mürrisch wirken?

Es macht einen Unterschied, wenn wir dankbar durchs Leben gehen und unserer Dankbarkeit Ausdruck verleihen. Es muss kein *Love Letter* sein, den wir einander schreiben – das könnte, wenn es nicht um Menschen geht, die uns wirklich nahestehen, auch falsch verstanden werden. Aber ein Dankeschön, ein freundliches:»Das haben Sie aber wirklich toll hinbekommen«,»Danke für Ihren Einsatz« oder»Wie gut, dass Sie da sind«, das öffnet die Türen und Herzen der Menschen. Wie wäre es, der Ehefrau oder dem Ehemann, dem Lebenspartner von Zeit zu Zeit einen Brief zu schreiben, in dem wir ihr oder ihm sagen, was wir als besonders wertvoll in unserem Miteinander erleben? Das Gute benennen, was wir wieder und wieder erfahren? Ein Dankeschön dafür, dass der andere so sorgsam danach schaut, wie es mir geht? Für ein gutes Essen, die tolle Vorbereitung einer gemeinsamen Reise oder einfach nur für den liebevollen Blick, mit dem sie oder er uns ansieht?

Wie wäre es, wenn wir einem Freund oder einer Freundin einen handschriftlichen Brief oder eine Karte schreiben und darin zum Ausdruck bringen, wie dankbar wir sind? Für die Wertschätzung, die wir bei der letzten Begegnung erlebt haben – für den liebevoll gemeinten Ratschlag oder die Kritik? Wenn wir jemandem sagen, wie schön es ist, sich verbunden zu wissen? Das ist so wertvoll.

Der Respekt und die Wertschätzung, der Dank, den wir einander entgegenbringen, ist ein Schlüssel dafür, dass sich Menschen geachtet und geliebt fühlen. Dass ihr Selbstbewusstsein gestärkt wird. Dabei denke ich auch an meine Mitarbeiter und Kollegen, ganz egal, welche Aufgabe sie erfüllen und welche Begabung sie mitbringen. Wenn wir es schaffen, auch Kritik liebevoll und wertschätzend zu verpacken, kann sich vieles auf Dauer zum Guten wenden. Das heißt nicht, dass am Ende immer alles gelingt oder sogar perfekt wird. Denn das Scheitern und das Versagen ist Teil des Lebens und eine Wahrheit, vor der wir nicht davonlaufen können. Auch ich werde mit meinen Anliegen immer wieder auf Grund laufen, und manche gute Idee wird sich nicht entfalten, so wie ich es mir gewünscht habe. Aber deshalb damit aufzuhören, es immer wieder aufs Neue zu wagen und den Menschen, mit denen ich unterwegs bin, vorbehaltlos und freundlich zu begegnen, ist für mich keine Option. Und kommt es nicht vor allem darauf an, dass wir möglichst vielen Menschen Mut zusprechen und sie in ihren Fähigkeiten bestärken, damit sie auf diese Weise erleben, welche Kraft in ihnen steckt – und dass ihr Leben gelingen kann?

Bedingungslos!

Was unsere Tour einzigartig gemacht hat, ist die Bedingungslosigkeit. Denn nur dadurch konnten wir uns derart intensiv begegnen. Erst im Nachhinein wird mir klar: In dem Moment, wo ich eine bestimmte Bedingung an die Teilnahme geknüpft, wo es für das Miteinander eine Erwartungshaltung und eine klare Hierarchie gegeben hätte, wäre es anders gelaufen. Dann wären die Auszubildenden und der Geschäftsführer zusammen auf Tour gewesen, und es hätte sich manches anders entwickelt.

Sobald ich eine Erwartung habe, wird aus der Persönlichkeit, die mir gegenübersteht, dem Subjekt, ein Objekt. Im schlechtesten Fall formuliere ich die Bedingung noch nicht einmal konkret – dann entsteht eine diffuse Erwartung. Der Eindruck: Der Geschäftsführer will etwas von seinen Auszubildenden. Und mancher Mitarbeiter könnte auch den Eindruck gewinnen, ich würde glauben, sein zukünftiges Verhalten wäre vielleicht käuflich. In dem Moment, wo Menschen denken, dass sie mir etwas schuldig sind, entfremden sie sich auch ein Stück weit von sich selbst. Dabei geht es doch um Selbstwerdung!

Aber meinerseits gab es kein Kalkül, keine Berechnung. Durch die Bedingungslosigkeit entsteht die Freiheit im Umgang miteinander. Ich gebe von ganzem Herzen, bedingungslos. Sich selbst an andere zu verschenken, Zuneigung zu zeigen, das ist so wichtig. Großzügig mit beiden Händen auszuteilen, immer mehr als nur das Notwendige, das löst etwas aus. Die Menschen öffnen sich. Es ist der Schlüssel für ein gelingendes Leben. Ein Verhalten jenseits der Frage:»Was bin ich dir schuldig?« Und es gibt auch keine Hierarchie in der Gruppe. Jede und jeder wird gebraucht, hat eine wichtige Stimme, wird gehört.

Die intensive Verbundenheit, die wir unterwegs gespürt haben und die nach der Tour auch geblieben ist, wurde dadurch überhaupt erst möglich. Was ich in der Gruppe gespürt habe, war ein bedingungsloses wechselseitiges Vertrauen. Das Gefühl: Die anderen meinen es wirklich ohne Wenn und Aber gut mit mir. Wahrscheinlich gab es auch deshalb die Bereitschaft, sich bedingungslos auf die Gemeinschaft und die Situation einzulassen. Es wurde getan, was getan werden musste. Es gab keine Anweisungen von oben. Es wurde nichts diskutiert. Jeder hat für sich entschieden, was dran ist und wie er sich einbringen will. Und das hat dazu geführt, dass es gut wurde. Alle haben gespürt: Wer viel geben kann, ist reich. In dem Moment, in dem eine Erwartung ins Spiel kommt, entsteht Druck, driften wir in bestimmte Rollen ab. Wer nur gibt, weil er etwas braucht, verliert letztlich und wird enttäuscht. Das bedingungslose Vertrauen wäre zerkratzt, weil eine Berechnung mitschwingt. Sich aufeinander verlassen können. Füreinander da sein. Das war unterwegs ein ganz starkes Gefühl. Für mich ist dies auch im Nachhinein sehr berührend. Und es war die Voraussetzung, dass alle Azubis bis auf den Gipfel gekommen sind.

Es wäre gut, wenn sich jeder Mensch in seinem Leben immer wieder neu Zeit dafür nehmen würde, eine entscheidende Frage zu beantworten: Was haben andere Menschen davon, dass es mich gibt?

MARIE // Wir kamen von vielen unterschiedlichen Standorten, kannten uns vorher, wenn überhaupt, nur flüchtig von größeren Versammlungen. Aber ab dem Moment, als wir zusammen nach Nürnberg fuhren, um uns dort für die Wanderung auf die Zugspitze vorzubereiten, da spürte ich: Wir sind eine Gemeinschaft. Das Einander-fremd-Sein wich mehr und mehr einer vertrauten Nähe. Abends saßen wir in einem Tipi-Zelt zusammen und fühlten: Jetzt kann uns nichts mehr aufhalten.

Im November waren wir dann beim Stealman-Run von FFN – Muddy and Water, ein Crossover-Lauf, wo wir die sportliche Herausforderung gesucht haben. Wir sind als Gruppe gelaufen – die Kili-Rockstars – und als Letzte angekommen. Da haben manche gefragt:»Wie wollt ihr das denn schaffen? Jetzt als Letzte durchs Ziel, und dann auf den Kilimandscharo?« Da haben dann viele aus der Gruppe gesagt:»Es spielt doch keine Rolle, wie lange wir brauchen. Viel mehr geht es doch darum, dass wir gemeinsam ankommen.« Die Gemeinschaft ist geblieben, auch jetzt, nach der Tour.

Ein afrikanisches Sprichwort lautet: »Wenn du schnell gehen willst, geh alleine. Wenn du weit kommen willst, geh gemeinsam.«

17 | WAS BLEIBT?

In der Ankunftshalle des Frankfurter Flughafens stehen wir braun gebrannt, aber auch müde und ziemlich ausgemergelt inmitten einer riesigen Gepäckhalde und umarmen uns. Hier trennen sich vorerst unsere Wege, und es fließen viele Tränen. Alle machen sich auf den Heimweg zu ihrer Familie oder in die eigene Wohnung. Zehn Tage waren wir Tag und Nacht zusammen, haben miteinander eine intensive Zeit geteilt. Nun ist sie vorüber. Doch unter den Abschiedsschmerz mischt sich auch die Freude über das bevorstehende Wiedersehen mit den Daheimgebliebenen, der Gedanke: Meine Familie erwartet mich! Die Erleichterung, dass alles gut gegangen ist, und die Sehnsucht nach dem eigenen Bett. Manche fantasieren schon seit Tagen immer mal wieder von dem Moment, in dem sie sich zu Hause aufs Bett fallen lassen und erst einmal »gaaaanz lange« ausschlafen werden. Trotz all der schönen, dramatischen und lustigen Geschichten, die jetzt erzählt werden wollen, ist bei vielen aus unserer Gruppe im Moment des Abschieds auch Wehmut zu spüren. Das Gefühl, dass etwas Wichtiges fehlen wird – die Gemeinschaft. Wir werden einander vermissen!

MARIE-CHARLEEN // Meine Eltern freuen sich riesig über meine Rückkehr. Kuchen, Süßigkeiten, Chips und noch viel mehr haben sie bei uns zu Hause auf dem Esstisch für mich aufgebaut. Das ist einfach schön!

Nach dem Essen verziehe ich mich in mein Zimmer, um auszuruhen. Kaum habe ich die Decke über mich gezogen, bin ich auch schon eingeschlafen. Als ich aufwache, stelle ich ganz erstaunt fest, dass es bereits früher Nachmittag ist. 16 Stunden lang habe ich durchgeschlafen und nicht einmal mitbekommen, dass meine Mutter immer mal wieder nach mir geschaut hat. Doch obwohl ich mich so lange ausgeruht habe, geht es mir jetzt richtig schlecht. Als ich mich aufsetze, merke ich, dass mir schwindelig wird. Und ich habe irgendwie am ganzen Körper Schmerzen.

Die nächsten Tage verbringe ich im Krankenhaus, weil ich mir in Afrika ein Virus eingefangen habe und mein Körper ziemlich ausgetrocknet ist. Ich trinke ohnehin meist viel zu wenig. Und die Tour hat mich ziemlich mitgenommen. Über einen Tropf bekomme ich Medikamente und eine Nährlösung. Aber ich bin dennoch glücklich. Die Reise war einfach großartig!

Gefühlskarussell

Wenn wir eine besonders schöne Reise unternehmen, ein großes Projekt abschließen, eine Auszeit vom Alltag genießen und dabei intensive Nähe mit Familie, Freunden oder Mitstreitern teilen, stellt sich in den ersten Tagen danach immer eine gewisse Melancholie ein. Der Höhenflug unserer Gefühle kann ja auch gar nicht von Dauer sein, so viel steht fest.

Es ist unumgänglich, dass wir irgendwann auch wieder Bodenkontakt haben. Und nach einem fantastischen Gipfelerlebnis muss jeder erst einmal für sich selbst das Erlebte mit dem Alltag verknüpfen.

Vor ein paar Tagen standen wir noch stolz auf dem Gipfel des höchsten Berges Afrikas, jetzt traben wir, fast unwirklich, wieder an einem schnurgeraden Kanal in Ostfriesland entlang. Manch einen überkommt dabei das Gefühl, zurückgeworfen zu sein, verbunden mit der diffusen Sorge, gleich wieder in den alten Trott zu verfallen. Hinzu kommt, dass einige von den Kili-Rockstars krank nach Hause gekommen sind. Jetzt ist Pause angesagt. Auch ich liege erst einmal einige Tage mit hohem Fieber flach, und es dauert zwei Wochen, bis ich das erste Mal wieder ein Sättigungsgefühl empfinde. Auf der Tour habe ich gut zehn Kilo abgenommen, obwohl wir von unseren Guides wirklich gut versorgt worden sind.

Wenn uns nach einer derartig anspruchsvollen und erlebnisreichen Tour der Alltag einholt, tritt sicherlich manches, was wir unterwegs an Erkenntnissen gewonnen haben, für eine Weile in den Hintergrund. Wir müssen uns erst einmal wieder in den alten Tagesabläufen zurechtfinden: Früh um sechs Uhr klingelt der Wecker, um sieben Uhr fährt der Bus, jeweils acht Stunden Arbeitszeit sind an fünf Tagen pro Woche abzuleisten. Jedes zweite Wochenende haben wir Dienst. Morgens wird kein Tee am Bett serviert, und abends wird weder gesungen noch getanzt. Das afrikanische Lebensgefühl – Ubunto: Ich bin, weil wir sind –, es fehlt uns so sehr! Und wir ertappen uns dabei, wie wir abends auf der Bettkante sitzen und leise eine Melodie vor uns hin summen: »Tschambo buana …«

Manch einer wird angesichts all der beruflichen und sonstigen Herausforderungen gute Vorsätze, deren Umsetzung er sich eigentlich fest vorgenommen hatte, noch ein wenig aufschieben. Zum Beispiel: mehr Sport machen, weniger konsumieren, mehr selbst kochen, endlich das Rauchen aufgeben. Oder mehr Zeit mit Freunden verbringen, weiterhin Tagebuch schreiben, gelassener bleiben und manchmal einfach vor Freude tanzen und singen.

Auf der Tour ist es uns leichter gefallen, auf bestimmte Gewohnheiten zu verzichten und manches auszuprobieren. Es brauchte keine süße Limo, keinen Flatscreen und kein weiches

Sofa, um glücklich zu sein. Wasser kam aus der Quelle oder dem Kanister, abends haben wir uns den Sonnenuntergang angeschaut, und oftmals sind wir im strömenden Regen losgezogen. Auch die Auswahl der passenden Schuhe fiel uns leicht: Bergstiefel oder Trekkingsandalen. Im Tagebuch wurden gute Gedanken festgehalten, und man durfte seinen Gefühlen einfach so freien Lauf lassen. Zu Hause verfallen wir schnell wieder in alte Muster und fühlen uns manchmal wie blockiert. Da sind wir schon zerknirscht, wenn die falschen Frühstücksflocken auf dem Tisch stehen oder es im Supermarkt gerade heute, wo wir eine solche Lust darauf haben, auf einmal keine reifen Avocados gibt. Und auch sonst fühlen wir uns ausgebremst, zum Beispiel, wenn uns unsere Eltern den gut gemeinten Ratschlag geben, doch lieber nichts Neues zu riskieren. Oder wenn die Kollegen intervenieren, weil wir darauf beharren, eine bestimmte Idee unbedingt umzusetzen. Und wir ducken uns weiterhin gerne erst einmal weg, geben klein bei, wenn wir keinen Konflikt riskieren wollen. So wie wir es früher immer getan haben. Die eingeschliffenen Gewohnheiten schütteln wir eben nicht aus den Kleidern.

Spurwechsel

Halt. Stopp. Das ist die alte Spur, die wir hinter uns lassen wollen und können! Wir dürfen uns an das erinnern, was wir erlebt und was wir uns vorgenommen haben. Das bleibt! Und die starken Bilder, die wir von unserer Tour mitgenommen haben, sind leuchtende Wegweiser – wie das Farbenmeer des Morgenhimmels über dem Uhuru-Peak. Wir denken daran, wie frei wir dort oben waren – und dass wir es immer noch sind! Wie sich das wahre, das gute Leben anfühlt. In der Mitte unserer Kraft zu sein. Mit aufrechtem Gang.

Wir könnnen es schaffen, unserem Leben dauerhaft einen anderen Dreh zu geben, wenn wir nur wollen. Und mag vielleicht gerade in diesem Moment noch so viel dagegensprechen. Auch wenn sich bei uns zuweilen alte Verhaltensmuster zurückmelden, dürfen wir selbstbewusst sagen: Nicht mit mir! Es ist anders geworden. Neues ist entstanden. Wir sind nicht mehr dieselben, die irgendwann von Berlin, Emden oder Varel aufgebrochen sind. Das sehe ich, wenn wir einander begegnen. Zum Beispiel: Wie Marie mit erhobenem Kopf und einem strahlenden Lächeln auf die Menschen zugeht. Wie selbstbewusst Lukas Position bezieht und wie stolz Marie-Charleen davon erzählt, was sie alles kann.

Was hat die Wende gebracht? Vielleicht die Erfahrung, dass sie sich überwunden und etwas errungen haben. Und dass sie wissen, dass sie sich auch den eigenen Limitierungen mit Liebe zuwenden dürfen. Denn auch das haben wir unterwegs erfahren.

Erinnerungen

Endlos geht es bergauf. Bachläufe überwinden wir mit einem großen Schritt. Seit Stunden regnet es unaufhörlich. Die Regenjacke ist durchgeweicht, das Wasser quatscht in den Schuhen. Oder: Bibbernd stehen wir bei drei Grad plus morgens vor der Hütte, ein eisiger Wind fegt über die Hänge, und wir freuen uns auf eine warme Tasse Tee. Dann geht es weiter über den Berghang, unsere Füße suchen im Geröll nach Halt. Keuchend müssen wir stehen bleiben und ringen nach Luft. Jeder Meter schmerzt. Aber wir gehen dennoch weiter. Wir überwinden den Schmerz, die Angst und die Müdigkeit, und wir machen den nächsten Schritt.

Um etwas zu erreichen, um an ein Ziel zu kommen, das wir uns gesteckt haben, müssen wir uns oft im wahrsten Sinne des Wortes durch den Dreck des Lebens buddeln. Es geht aber nicht nur um den nächsten Höhenmeter, die vor Kälte steifen Finger und das Durchhalten im Dauerregen. Dass wir uns überwinden und trotzdem weitergehen, dass wir etwas erringen, das bringt uns auch uns selbst näher. Denn wir spüren nicht nur unseren Körper auf eine ganz besondere Weise, sondern auch, was wir zu leisten imstande sind. Welche unglaublichen Belastungen wir aushalten! Unser Selbstbewusstsein bekommt Auftrieb, indem wir das nächste Hindernis überwinden. Und dann noch eines. Und noch eines.

In der Überwindung von Widerständen können wir unseren inneren Schatz finden. Ich nenne es *die Wahrheit meines Lebens*. Das, was mich in der Tiefe meines Seins antreibt, was mich beflügelt und was meinem Leben Sinn verleiht. Anselm Grün spricht vom *inneren Gold*. Das ist eine Wahrheit, die wir nur zu einem Teil ergründen können und die sich erst im Laufe der Zeit für uns erschließt. Manches bleibt uns verborgen. Das ist das große Geheimnis des Lebens, das wir nie ganz erfassen werden. Was ich erfahren darf, ist ein Geschenk, nichts als ein Geschenk. Ich gehe darauf zu, ich strenge mich an, etwas zu finden – aber letztlich liegt es nicht in meiner Hand, es zu erzwingen. Es gilt, das Leben zu ergreifen, aber auch die Hände zu öffnen und das, was ich bin, als Geschenk zu betrachten.

Überkommene Glaubenssätze wie »Das schaffst du eh nicht«, darf ich getrost beiseiteschieben. Ebenso wie trübe Gedanken, düstere Vorahnungen, Einwände und Vorhaltungen von Menschen, die es vermeintlich gut mit mir meinen, mich aber letztlich davon abhalten, den für mich richtigen Weg einzuschlagen. Wenn ich weiß, was mich als Individuum auszeichnet, kann ich aufrecht und selbstbewusst in die Zukunft gehen. Und wenn es einmal nicht klappt, dann ist das auch in Ordnung; es sei denn, es handelt sich dabei um eine selbst erfüllende Prophezeiung.

Der österreichische Schriftsteller Stefan Zweig beschrieb es so: »Wer einmal sich selbst gefunden, der kann nichts auf dieser Welt mehr verlieren. Wer einmal den Menschen in sich begriffen hat, der begreift alle Menschen.«

Um diese innere Stärke zu wissen, macht Mut, gerade dann, wenn wir wieder einmal einem übermächtig erscheinenden Problem gegenüberstehen.

Ich erinnere mich oft an den Moment, in dem ich auf unserer Tour nicht mehr weiterkonnte. Es schmeckte für mich zunächst nach einer Niederlage, hatte ich doch alles auf eine Karte gesetzt und viel gewagt, um auf den Gipfel zu kommen. Bis die Erkenntnis unausweichlich war: Nichts geht mehr! In der Rückschau auf diesen Moment überwiegen bei mir dann doch die positiven Gefühle. Ich hatte mich überwunden weiterzugehen, auch wenn es mir schon tagelang gesundheitlich schlecht ging. Und ich selbst bin weit gekommen!

Doch wie schwer war dann die Entscheidung, umzukehren und das eigene Ziel vermeintlich aufzugeben. Erst im Loslassen hat sich alles gefügt: Die Auszubildenden haben das Ziel auch ohne mich erreicht.

Wenn wir zurückschauen auf die Wegstrecke, die wir bislang bewältigt haben, verblassen die Erinnerungen an die Mühsal. Viel wichtiger ist die Gewissheit, was alles möglich war und möglich wurde. Schicht für Schicht meine eigenen alten Glaubenssätze zu betrachten und mir vor Augen zu führen, dass die schlechten Erfahrungen, die ich früher gemacht habe, kein Hindernis sein müssen – das hilft, einen neuen Anfang zu wagen.

Welche Glaubenssätze halten dich momentan noch zurück? Und wie kannst du sie überwinden? Was gibt dir Kraft, aus deinem Schatten herauszutreten? Erinnere dich an Momente der Stärke. Denke an deine größte Sehnsucht – und dann geh los!

Als Marie-Charleen mir erzählte, dass ihre Eltern nach ihrer Rückkehr mit ihr ein Fest gefeiert haben, hat mich das sehr berührt. Auf einmal hatten ihre Eltern sie scheinbar anders im Blick. Sie ist aus dem Schatten herausgetreten ins Licht. Und ihre Augen leuchten.

MARIE-CHARLEEN // Ich habe zu Hause vieles neu schätzen gelernt. Die Menschen in Afrika besitzen oft nicht viel mehr als das, was sie am Körper tragen. Und dennoch waren sie bereit, mit uns vieles zu teilen. Wir haben in Deutschland alle so viele Sachen, die wir überhaupt nicht brauchen. So viel, dass uns unser Besitz über den Kopf zu wachsen droht.

Ich habe auf der Tour gelernt, dass ich mit den einfachsten Sachen und mit relativ wenig klarkomme. Mehr braucht es nicht zum Leben.

Immer wieder überlege ich seitdem: Was brauche ich wirklich? Warum besitze ich derart viele Kleidungsstücke, wo ich doch eigentlich nur wenige Teile davon trage? Andere Menschen können die Sachen vielleicht viel dringender gebrauchen als ich. Und wie gut ist es, auf manches zu verzichten! Als ich wieder zu Hause war, habe ich deshalb erst einmal meinen Kleiderschrank aufgeräumt und viele Sachen abgegeben oder gespendet.

Auf der Tour habe ich so viel erlebt. Schönes und Schwieriges. Die schwierigsten Situationen, die haben mich weitergebracht. Zu merken, dass man über sich hinauswächst, wenn man etwas wagt und dann auch etwas schafft, was man sich vorher so nicht zugetraut hatte. Die Erfahrung, dass ich auf der Wanderung meine persönlichen Grenzen überwinden konnte, das hat mich stärker und stärker gemacht.

Als du auf der Tour ausgefallen bist, Bodo, war das zunächst ganz schlimm für mich.

Aber dann habe ich gedacht: Jetzt erst recht! Jetzt muss ich, jetzt müssen wir zeigen, was wir können, warum wir hier sind. Und irgendwie hat uns die Situation als Team noch weiter zusammengeschweißt. Wir wussten ja, wie wichtig es für dich, Bodo, ist, dass wir den Gipfel gemeinsam erreichen.

Du siehst den Menschen und traust ihm etwas zu. Du schätzt die Begabungen des Einzelnen, hast eine hohe Meinung von anderen und begegnest jedem mit Respekt und Wertschätzung.

Man merkt, dass du es gut mit einem meinst.

Du siehst auch die wunden Punkte und versuchst, jeden zu bestärken, das Beste aus seinem Leben zu machen. Du glaubst an einen. Das macht einen stark!

Ich habe auch gelernt, nicht zu allem Ja und Amen zu sagen, sondern Position zu beziehen.

Wenn ich heute vor einer schwierigen Aufgabe stehe, denke ich oft an die Tour zurück. Und dann spüre ich, dass ich es schaffen werde, wenn ich es angehe. Ich sage mir:»Du bist auf einen fast 6000 Meter hohen Berg gestiegen – dann wirst du das hier auch durchziehen können. Du kannst alles schaffen, wenn du dich anstrengst. Los geht's.«

Aufgeben, wenn es schwierig wird – so wie früher –, das kommt für mich nicht mehr infrage.

Was ich anderen mitgeben möchte: Nutze die Chancen, die sich dir bieten.

18 | PRÄGUNGEN

Mein Vater, Werner Hermann Janssen, ist recht früh gestorben. Er ist nur 64 Jahre alt geworden. Auf dem Rückflug von einem beruflichen Termin ist er auf dem Weg von Usedom nach Emden mit seinem Sportflugzeug ins Meer gestürzt. Er war ein leidenschaftlicher Pilot. Unterwegs hat er, wie die Untersuchungen später zeigten, einen Herzinfarkt bekommen und ist über dem Steuerknüppel zusammengesackt, während seine Maschine mit Autopilot weiterflog. Als die Cessna in niederländischen Luftraum eindrang und nicht auf Funksprüche reagierte, stiegen zwei F-16-Abfangjäger auf, weil man einen Anschlag befürchtete. Die Piloten der Militärmaschinen sahen meinen bewusstlosen Vater am Steuer, für den es in dieser Situation keine Chance auf Hilfe gab. Gegen 20.30 Uhr ist sein Flugzeug schließlich, 15 Kilometer vor der Insel Texel, ins Wattenmeer gestürzt.

Der Tod meines Vaters hat meine Familie und mich schwer getroffen, auch weil alles so unvermutet und plötzlich kam. Wenn jemand länger schwer krank ist und sich der Gesundheitszustand immer weiter verschlechtert, kann man sich darauf einstellen, dass ein Abschied in naher Zukunft unvermeidbar ist. Bei einem Unfall ist es anders: Du bekommst einen Anruf. Du bist völlig geschockt. Und du kannst dich nicht verabschieden.

Oft löst der Tod der eigenen Eltern aus, dass man sich mit der eigenen Kindheit noch einmal ganz neu auseinandersetzt. So war es auch bei mir. Mein Vater war ein absoluter Macher-Typ, ein Unternehmer durch und durch. Ein Visionär, ein begnadeter Sprecher und ein extrem kreativer Mensch. Immer wieder hatte er tolle Ideen und besaß die Fähigkeit, andere Menschen für seine Vorhaben zu begeistern. Und er verfügte über eine unglaubliche Energie, große Projekte zu verwirklichen. Im Laufe von drei Jahrzehnten hat er, gemeinsam mit meiner Mutter, jede Menge in die Tat umgesetzt: neue Hotels, Apartmentanlagen, Ferienwohnungen am Meer und manches mehr sind entstanden. Als mein Vater starb, hinterließ er eine Unternehmensgruppe mit 500 Mitarbeitern an 22 Standorten. Das habe ich an ihm bewundert: Wie er mit Kraft und Mut aus dem »Nichts« heraus unternehmerisch sehr erfolgreich geworden ist.

Um das Unternehmen aufzubauen und alles in Gang zu halten, war er unheimlich viel unterwegs. Die Kehrseite: Während meiner Kindheit hatte ich das Gefühl, dass mein Vater im Familienalltag nicht so wirklich präsent war. Meine Mutter hat voll im Unternehmen mitgearbeitet, meinem Vater viel Arbeit abgenommen und ihm den Rücken frei gehalten. Weil beide tagsüber meist im Unternehmen eingebunden waren, hat sich ein Kindermädchen um meine Schwester, um mich und den Haushalt gekümmert. Meine Eltern hatten gefühlt wenig Zeit, weil das Geschäft nahezu jede freie Minute beanspruchte. Aber sie haben immer dafür gesorgt, dass es mir gut ging, dass ich hatte, was ich brauchte. Und sie haben mir große Freiräume gelassen.

Meine Eltern haben mir vertraut, auch wenn ich von Zeit zu Zeit über die Stränge geschlagen und oftmals zu viel riskiert habe. Das war rückblickend betrachtet absolut entscheidend für meine weitere Entwicklung. Denn so konnte ich einiges ausprobieren und habe Vertrauen in meine Fähigkeiten gewonnen. Nach und nach habe ich meinen Aktionsradius immer ein wenig mehr ausgeweitet. Eine Freiheit, die es mir ermöglicht hat, mich zu dem Menschen zu entwickeln, der ich bin.

Messerwerfer

So oft es ging, habe ich als Kind und Jugendlicher Grenzen aus-
gelotet. Meine Extratouren waren für meine Eltern des Öfteren
mit viel Aufregung verbunden. Mit fünf habe ich es auf dem
Spielplatz alleine bis auf die Spitze eines drei Meter hohen Klet-
tergerüstes geschafft, während die meisten meiner Freunde nur
bis zur zweiten oder dritten Ebene kamen. Doch der Triumph
währte nur kurz: Ich stürzte ab und prallte mit der Stirn auf eine
Metallstange. Ein Nachbar hat mich verarztet und mit einem
olivgrünen Kopfverband zu meiner Mutter gebracht. Als die
Platzwunde später im Krankenhaus genäht werden musste,
wurde ihr schummerig, und sie musste sich hinlegen – so sehr
hat sie das alles mitgenommen. Die Narbe an meiner Stirn erinnert mich noch heute an diese Episode.

Wenn ich eines mit sieben Jahren bereits konnte, war das
Feuer machen. Gerne habe ich ausprobiert, wie ich etwas zum
Brennen bringen kann. Und als ich das erste Mal mit einem
scharfen Messer hantierte – natürlich ohne das Wissen meiner
Eltern –, war ich vielleicht acht Jahre alt. Später habe ich das
Ganze dann noch auf die Spitze getrieben. Wenn ich heute daran denke, dass mein Freund und ich uns, als wir etwa elf Jahre
alt waren, Wurfmesser besorgt haben, läuft mir ein kalter Schau-
er über den Rücken. Ein Film, in dem ein Messerwerfer eine
wichtige Rolle spielt, hatte uns auf diese gefährliche Idee gebracht. In der bekannten Zirkusnummer zielt ein Artist mit
Wurfmessern auf eine Drehscheibe, auf die eine spärlich beklei-
dete Frau geschnallt ist. Natürlich trifft der Artist immer haar-
scharf daneben. Ganz knapp neben der Frau landen die Wurfmesser auf der Zielscheibe. Jeder Zuschauer bangt, ob das gut
geht. Das hat uns Jungen ziemlich beeindruckt und zur Nach-
ahmung animiert: Einer von uns stellte sich an einen Baum, und

der andere warf aus kurzer Distanz mit dem Messer. Wenn ich derartige Aktionen heute bei meinen eigenen Kindern beobachten würde, bekäme ich vermutlich eine Herzattacke. Auf einiges, was ich damals angestellt habe, bin ich im Rückblick alles andere als stolz. Was für ein Glück, dass anderen und mir selbst bei all dem Blödsinn, den wir getrieben haben, nicht mehr passiert ist. Manches habe ich nur einmal ausprobiert und dann direkt wieder gelassen. Anderes habe ich wiederholt gemacht und mir oftmals eine blutige Nase dabei geholt. Das waren für mich elementare Erfahrungen. Ein Kind, das nicht mindestens ein Dutzend Male offene Knie hatte, verlebt aus meiner Sicht keine echte Kindheit. Es braucht diesen Schmerz, die Erfahrung, das Aushalten blöder Situationen. Es gehört einfach mit dazu, und die Erinnerung an eigene Erlebnisse schenkt mir eine gewisse Gelassenheit, wenn ich unsere Kinder bei ihren abenteuerlichen Unternehmungen beobachte.

Im Rückblick betrachtet, habe ich recht wenig getan, um meinen Eltern zu gefallen. Viele Jahre lang war ich das selbst ernannte schwarze Schaf, so etwas wie der Rebell in meiner Familie. Ich habe immer das gemacht, wozu ich gerade Lust hatte, zum Teil sicherlich aus pubertärem Widerstand, aber auch noch, als ich längst erwachsen war.

Die Beziehung zu meinem Vater war aufgrund unterschiedlicher Sichtweisen zeitweise durchaus kompliziert und von Spannungen geprägt. Diskussionen mit ihm waren immer eine Herausforderung, und sein bereits zitierter Satz »Beim dritten Nein wird es erst interessant« mündete immer wieder in intensive Auseinandersetzungen. Zugleich hatte ich das Gefühl, dass unausgesprochen galt: »Solange du deine Füße unter meinen Tisch stellst ...« Es war sehr klar, um wessen Vorstellung es ging, wenn Auseinandersetzungen oder Entscheidungen anstanden. Dadurch entstand bei mir immer mal wieder ein Gefühl der Ohnmacht, was mir überhaupt nicht geschmeckt hat. Und dagegen habe ich mich dann aufgelehnt. Freiheit war mir über alle Maßen wichtig.

Kriegsenkel

Als Erwachsener habe ich gemerkt, dass ich mit meinen ambivalenten Gefühlen nicht allein bin. Denn ich gehöre zur sogenannten Generation der Kriegsenkel. Als ich den Begriff zum ersten Mal hörte, hat er mir zunächst nicht viel gesagt. Dann habe ich einiges darüber gelesen, mich mit meiner Frau und Freunden darüber ausgetauscht und nach und nach verstanden, was es bedeutet, dass mein Vater, Jahrgang 1942, seine ersten drei Lebensjahre in für mich unvorstellbaren Umständen verbracht hat. Es war Krieg. In dieser Zeit ging es um Leben und Tod, Bombenangriffe der alliierten Streitkräfte legten deutsche Städte in Schutt und Asche. ganz besonders auch die Seehafenstadt Emden, die noch im April 1945, kurz vor Kriegsende, dem Erdboden gleichgemacht worden ist. Mein Opa war Soldat, und seine Frau bangte wohl jeden Tag darum, dass er gesund heimkehren würde, wenn der Krieg endlich vorbei wäre. So etwas zu erleben, kann einen das ganze Leben lang nicht mehr loslassen.

Viele Männer der Jahrgänge 1910 bis 1925 sind während des Zweiten Weltkrieges gestorben, Hunderttausende blieben dauerhaft vermisst. Und die letzten Kriegsgefangenen kamen erst im Winter 1955/56 aus Russland nach Hause.

Sehr viele Menschen, die den Krieg erlebt haben, waren und sind traumatisiert. Mit ihren Kindern und Enkeln haben sie über all das Erlebte in aller Regel nicht gesprochen. Und wenn die Rede darauf kam, wurde oftmals schnell abgewiegelt, weil man sich seiner Vergangenheit nicht stellen wollte oder konnte. Zu schlimm waren die Erlebnisse, der Schrecken. Zu groß die Angst, die Erinnerungen wieder hochkommen zu lassen. Aus der Sprachlosigkeit entstand eine tiefe Entfremdung. Viele Kinder und Enkel haben aus diesem Grund von ihren Eltern und Großeltern wenig emotionale Nähe erfahren. Manche derer, die in der Zeit des Zweiten Weltkrieges oder kurz danach geboren wurden, sprechen deshalb mit Blick auf ihre Kindheit von einem »verlorenen Vater«.

Spannend finde ich auch die Analyse der Psychologin und Journalistin Anne Kratzer. In einem Artikel, den sie für DIE ZEIT geschrieben hat, beleuchtet sie den Einfluss der Ärztin Johanna Haarer, deren Ratgeber zur Kindererziehung Generationen deutscher Eltern gelesen haben. In ihrem Buch empfiehlt die Ärztin, die Bedürfnisse von Kindern gezielt zu ignorieren, um sie härter und widerstandsfähiger zu machen, indem sie emotions- und bindungsarm aufwachsen. Geschrieben hat Johanna Haarer ihr Werk zur Zeit des Nationalsozialismus – mit dem Ziel, eine Generation williger Mitläufer und tapferer Soldaten heranzuziehen. Aber auch im Nachkriegsdeutschland fanden sich in nahezu jedem Haushalt Bücher aus ihrer Feder. Fatal: wenn mehrere Elterngenerationen dazu erzogen werden, möglichst wenig emotionale Bindungen zu ihren eigenen Kindern aufzubauen![4]

Kriegskinder sind in einer Situation aufgewachsen, die von Mangel geprägt war. Wenn du wenig hast, dann bekommt vieles eine besondere Bedeutung. Das Leben dreht sich darum, materielle Grundbedürfnisse zu sichern. Alles andere ist nicht relevant.

Die Vertriebenen lebten in den ersten Jahren in einfachen, schnell errichteten Häusern, Hauptsache, ein Dach über dem Kopf. In vielen Städten gibt es solche »Kriegsheimkehrersiedlungen«. Es wurde hart gearbeitet, damit jeden Tag genug auf dem Teller war und man im Winter einen Vorrat an Kohlen, Öl oder Holz hatte, um heizen zu können. Einmal die Woche Fleisch zu essen, das war Luxus.

Die Kinder sollten es einmal besser haben, eine gute Schule besuchen, eine Ausbildung machen, sich qualifizieren. Und vielleicht sogar einmal studieren können. Dafür wurde jeder Pfennig umgedreht und jede Mark gespart. Aus dieser Zeit stammt sicherlich auch der Satz: »Im Leben wird dir nichts geschenkt.« Menschen, die mit einem derartigen Lebensgefühl groß geworden sind, haben die nächsten Generationen geprägt.

Das Erbe der Kriegskinder wirkt nach, bis heute. Denn wir leben das, was wir erlebt haben, und wiederholen auf diese Weise oftmals unbewusst die in der Kriegszeit »gelernten« Verhaltensweisen unserer Eltern und Großeltern – und wir haben, ohne es zu wissen, auch ihre Ängste »geerbt«. Die Autorin Sabine Bode hat dies vor einigen Jahren in ihrem Buch »Die vergessene Generation – Die Kriegskinder brechen ihr Schweigen« sehr treffend beschrieben.

Mein Vater, aber auch mein Großvater waren zwei dieser Kriegskinder. Über ihre Kindheit habe ich nur wenig erfahren. Rückblickend denke ich: Ich hätte sie damals noch viel mehr fragen sollen.

Vor einiger Zeit sprach ich mit einem Mitarbeiter. Auch er hatte für sich erkannt, dass er die Geschichte seiner Familie in den Blick nehmen musste, um zu erfahren, woher seine Ängste kommen und wie ein persönlicher Neuanfang gelingen könnte.

Bei einer Familienaufstellung wurde ihm das Lebensgefühl seiner Eltern und Großeltern vor Augen geführt. Dass Menschen über bestimmte Fragen überhaupt nicht sprechen können und das Vergangene bewusst verdrängen. So wie sein Vater, der zur Generation der Kriegskinder gehört.

Wenn man sich weigert, über das, was einen belastet, zu sprechen, hat dies natürlich auch Auswirkungen auf die Beziehungen – zum Partner, den Kindern, Freunden und Kollegen. Ein Sich-Verschließen führt dazu, dass sich ungute Gefühle aufstauen. Das zu verstehen, war für den Mitarbeiter sehr wichtig, damit er die Beziehung zu seinem Vater klären konnte. Allein das Sprechen über die Trauer und den Schmerz erlebte er als Befreiung.

Eine Mitarbeiterin berichtete mir, dass sie angefangen hat, sich nach einer langen Zeit, in der sie kaum Kontakt hatten, wieder mit ihrer Mutter zu treffen. Ihre Gespräche waren von gegenseitigem Interesse geprägt. Sie erzählten einander von den Erlebnissen der letzten Jahre, sie erinnerten sich an das Leben, wie es früher war. Und sie fragten nach, was dem Gegenüber wichtig ist. Über diese Gespräche konnten die beiden wieder eine tiefe Verbindung zueinander aufbauen.

Verstehen, was war, um zu verstehen, was ist

Auch ich spüre von Zeit zu Zeit ein Gefühl von Verunsicherung, wenn ich an meine Kindheit und Jugend denke. Ganz besonders dann, wenn ich bestimmte Verhaltensmuster bei mir entdecke, deren Ursache ich nicht verstehe. Lange habe ich mit arrogantem Verhalten und entsprechenden Äußerungen auf das Gefühl von Ohnmacht und Ablehnung reagiert. Ein Beispiel: In jungen Jahren besuchte ich mit Freunden eine Diskothek in der ostfriesischen Stadt Norden. Wir waren schon ganz schön angetrunken, als ich irgendwann bemerkte, dass ich mein Portemonnaie verloren hatte. Ich fragte den Barkeeper, ob ich die Zeche später begleichen dürfte. Er rief seinen Chef, der in Begleitung von zwei Türstehern erschien und mich und meine Freunde als asoziales Pack beschimpfte. Wir hätten in seinem Klub nichts zu suchen. Dann forderte er die Türsteher auf: »Werft den Typen und seine Begleiter sofort raus!« Von etwas ausgeschlossen zu werden – das ging gar nicht! Nicht mit mir! Wütend entgegnete ich, dass es nur einen Anruf von mir bräuchte, um seinen Laden zu kaufen. Daraufhin landete seine Faust mitten in meinem Gesicht, und ich fand mich kurze Zeit später vor der Tür des Klubs wieder.

Immer wieder habe ich mich in meinem Leben mit arrogantem Auftreten vor dem Gefühl der Ohnmacht oder Ablehnung zu schützen versucht. Mittlerweile habe ich das »verletzte Kind« in mir durchschaut und versuche in derartigen Situationen, mich selbst nicht so wichtig zu nehmen und mit Humor und einem Lächeln zu reagieren. Durch die Beschäftigung mit meiner Kindheit und Jugendzeit habe ich entdeckt, dass Arroganz oftmals Ausdruck einer tiefen Unsicherheit ist. Zum Beispiel das Gefühl, nicht mehr dazuzugehören.

Es lohnt sich, wenn wir uns damit beschäftigen, wie unsere Eltern gelebt haben. Wo und wie sie aufgewachsen sind. Was sie gedacht und wovon sie geträumt haben.

Waren sie als Kind ängstlich oder selbstbewusst? Zögernd oder kraftvoll und entschlossen? Haben sie Entscheidungen eher zügig getroffen oder auf die lange Bank geschoben?

Und was haben sie getan, wenn sie in eine krisenhafte Situation kamen? Sind sie zurückgewichen, oder haben sie gehandelt? Haben sie sich neuen Herausforderungen gestellt oder sich lieber still zurückgezogen und später um die verpassten Chancen getrauert? Konnten sie dann über das Scheitern und die Niederlagen sprechen, oder haben sie verschämt geschwiegen? Sind sie anderen Menschen und dem für sie Fremden offen begegnet? Haben sie gerne gegeben und mit beiden Händen verschenkt – oder haben sie sich ängstlich an ihren Besitz geklammert und dem anderen wenig gegönnt? Konnten meine Eltern trotz mancher Schwierigkeiten fröhlich sein? Haben sie eine Melodie vor sich hin gepfiffen, wenn sie etwas Schönes erlebt oder getan haben? Oder haben sie eher die Zähne zusammengebissen und die Probleme gesehen, die bald kommen könnten?

Und vor allem: Haben sie mich als jungen Menschen in die Welt hinausziehen lassen, ohne Vorbehalte? Haben sie mich vieles erproben und ausprobieren lassen, auch wenn es zuweilen riskant erschien? Oder haben sie ängstlich jeden meiner Schritte überwacht?

Wie sind sie mit meinen Schwächen umgegangen?

Was habe ich an meinem Vater, an meiner Mutter bewundert? Worauf bin ich im Rückblick stolz? Was sehe ich kritisch? Worüber bin ich traurig oder sogar zornig? Wie war es, wenn ich meine Eltern um etwas gebeten habe, was mir sehr wichtig war? Haben sie mir die Bitte gewährt – oder wurde ich enttäuscht?

Diese und ähnliche Fragen sollte sich jeder selbst oder seinen Eltern einmal stellen. Sich der Geschichte seiner Familie bewusst zu sein, ist so wichtig. Es ist gut, sich solche Erinnerungsschätze zu bewahren, um das Heute besser zu verstehen. Indem wir das Verhalten unserer Eltern und die Geschichte unserer eigenen Kinder in den Blick nehmen, erfahren wir auch viel über uns selbst. Was haben wir in der Erziehung von unseren Eltern übernommen? Und von welchem Verhalten distanzieren wir uns bewusst?

In der Familie meiner Frau wird immer wieder einmal darüber gesprochen, wie es früher war. Das interessiert mich sehr! Wie die Großeltern meiner Frau gelebt haben – oder die Urgroßeltern. Wie sie das Leben gefeiert, aber oftmals auch unter den Entwicklungen ihrer Zeit gelitten haben. Welche Werte ihnen etwas bedeutet haben. Was man an die nächste Generation weitergegeben hat. In den Erzählungen erfahre ich vieles, was mir hilft, meine Frau und ihre Familie besser zu verstehen. Denn die frühe Prägung, die Claudia erfahren hat, wirkt fort. Sie ist in einer besonderen Familie aufgewachsen, in der sie viel Geborgenheit und Zusammenhalt erlebt hat. Und all das Positive gibt sie an unsere Kinder weiter.

Vor Kurzem lagen meine Frau und ich mit unserer Tochter Milla wieder einmal gemütlich auf dem Bett und haben ihr davon erzählt, wie wir die Zeit in Erinnerung haben, in der sie noch ein Baby war. Wie groß unser Glück war, das Leben mit einer neuen Erdenbürgerin zu teilen. Wunderbare Momente stiller Freude, die wir miteinander genossen haben und noch immer genießen. Aber auch davon, wie sehr uns manches gefordert hat: Bauchschmerzen, die ersten Zähne, Kinderkrankheiten. Immer wieder erzählen wir bei diesen Gelegenheiten auch von all den lustigen Geschichten, die nicht ausbleiben, wenn man zusammen das Leben teilt. Unsere Kinder lieben das. Sich an gemeinsame Wegstrecken zu erinnern, lässt deutlich werden, was wir aneinander schätzen.

Glück ist, großartige Erinnerungen zu sammeln. Deshalb möchte ich noch einige Geschichten mit dir teilen. Erlebnisse auf einer zweiten Tour des Lebens, die mich mit einer Gruppe junger Menschen zwei Jahre nach der Besteigung des Kilimandscharo in den hohen Norden führte. Aber zunächst fuhren wir von Emden aus nach Osten – in die Hansestadt Hamburg.

19 | KÄLTETEST

Einen ganzen Tag verbringen wir in einem Hamburger Ausrüstungsladen, bis alle das notwendige Material beisammenhaben. Das ist für uns alle sehr aufregend. Jeder Teilnehmer darf sich auf Firmenkosten einen warmen Schlafsack und die gesamte winterfeste Outdoorkleidung aussuchen, die er für die Tour in arktischen Gefilden braucht. Anschließend wird erprobt, ob die Wahl gut ist: In der Kältekammer testen wir unsere Ausrüstung bei erfrischenden minus 18 Grad Kälte. Ein kleiner Vorgeschmack auf das, was uns auf Spitzbergen erwarten wird.

Mit einer Gruppe von Auszubildenden wollen wir zum *Newtontoppen*, dem höchsten Gipfel der Region, aufbrechen. Für den zehntägigen Marsch über den Gletscher müssen wir uns extrem gut vorbereiten. Der norwegische Abenteurer und Polarforscher Børge Ousland berät uns, beschreibt, was uns in der Arktis erwartet und worauf wir achten müssen. Außerdem hat er für uns eine umfangreiche Ausrüstungsliste zusammengestellt. Claudia erarbeitet unsere Trainingspläne: Laufen, Radfahren und manches mehr steht auf dem Programm, um konditionell fit zu werden. Als Ärztin führt Claudia auch Gesundheitschecks durch, Laktattests werden gemacht. Auch mein Schwiegervater hilft uns, indem er aus alten Autoreifen und Tauen Vehikel baut, mit denen wir dann bei uns in Ostfriesland über den Deich ziehen. So trainieren wir, wie es sein wird, einen schweren Pulka-Schlitten zu ziehen, denn keiner von uns war bisher mit so viel Gepäck auf Skiern in Schnee und Eis unterwegs. Eine derartige Vorbereitung braucht es unbedingt, damit wir das nächste Abenteuer bestehen können.

Ende Februar geht es für sechs Tage in ein Trainingscamp nach Norwegen. In der Nähe von Trondheim kommen wir in einer Hütte auf dem Gelände einer ehemaligen Militärbasis mit unserem Guide Bengt zusammen. In dieser Gegend herrschen im Winter ähnliche Bedingungen, wie sie uns auch Anfang August am Polarkreis erwarten, und wir können unsere Ausrüstung ebenso testen wie das Gehen auf Skiern.

Am Anfang steht die Theorie: Was sind die größten Gefahren in Spitzbergen? Ist doch klar, denke ich: Das sind die Eisbären. Doch Bengt belehrt mich eines Besseren: Nein, die zwischen 400 und 500 Kilogramm schweren Raubtiere sind es nicht, auch wenn wir tatsächlich gut aufpassen müssen, dass wir ihnen nicht zu nahe kommen. Die größte Gefahr auf einer Wildnistour, so lernen wir, ist immer der Kocher. Da ist nicht nur das Risiko, sich an dem heißen Metall die Finger zu verbrennen oder im Zelt etwas anzusengen. Hinzu kommt, dass, wenn ein Kocher nicht richtig brennt, im Zelt schnell eine hohe Kohlenmonoxid-Konzentration entsteht. Unbemerkt, weil geruchlos, breitet sich das tödliche Gas aus, man wird bewusstlos und stirbt, sofern man nicht rechtzeitig gerettet wird. Gefährlich ist auch das unberechenbare Wetter: Schneestürme, eisiger Wind, nahezu keine Sicht und damit wenig Orientierungsmöglichkeiten. Immer besteht das Risiko, völlig durchnässt zu werden und auszukühlen. Und wir müssen aufpassen, dass niemand in Gletscherspalten stürzt.

Mein Blick schweift in die Runde. Wir sind alle blutige Anfänger. Keiner von uns war bisher auf einer Polarexpedition. Und manch einer überlegt sich vermutlich schon, auf was er sich da eingelassen hat. Es wird spannend. So viel steht fest!

In Trondheim ergänzen wir nochmals unsere Ausrüstung – und brechen dann zu einer intensiven Trainingstour auf.

JAN-LUKA // Bei bis zu minus 35 Grad sind wir drei Tage im tiefen Schnee unterwegs, üben das Gehen und die Abfahrt auf Tourenskiern. Es ist beschwerlich, den Gepäckschlitten bergauf zu ziehen, während man sich bei den Abfahrten darauf konzentrieren muss, nicht von dem schweren Gefährt überholt zu werden. Die erste Nacht, das Zelten in Schnee und Eis, ist hart. Der Aufbau nimmt viel Zeit in Anspruch, denn bei minus 35 Grad Kälte geht alles nur langsam voran. Mit dicken Handschuhen schieben wir die Teleskopstangen durch die dafür vorgesehenen Schlaufen und richten die Tunnelzelte auf. Abends ist alles klamm und morgens dann natürlich hart gefroren. Die Schnürsenkel meiner Schuhe stehen, wenn man sie anhebt, senkrecht in der Luft. Und ich komme kaum aus dem Schlafsack, weil ich im Gegensatz zu den anderen nicht in Kleidung übernachte, sondern mich bis auf die Unterhose ausgezogen habe. Mein Zeltnachbar wirft erst einmal den Kocher an und kocht Tee, damit es im Zelt etwas wärmer wird, bevor ich mich anziehe. Die Zelte sind voller kleiner Eiszapfen, die an den Eingängen herunterhängen, an den Zeltschnüren, überall. In einem so eisigen Klima sind auch an sich kleine Aufgaben ziemlich mühevoll. So braucht es beispielsweise locker eineinhalb Stunden und Massen an Schnee, um 1,5 Liter Wasser zum Kochen zu bringen. Aus Versehen gieße ich Bjarne etwas kochendes Wasser über die Hand – und wir merken, dass wir unbedingt noch eine kleine Schöpfkelle mit auf die Tour nehmen müssen, weil das Austeilen des Teewassers direkt aus dem Topf viel zu riskant ist.

Wir tun uns mit vielem schwer. Aber auch die beiden Guides müssen erst einmal lernen, mit uns und der Situation umzugehen. Bislang haben sie eigentlich nur Outdoor-Erfahrene für Extremtouren ausgebildet. Und nun stehen sie absoluten Anfängern gegenüber. Wir wissen nicht mal Antworten auf die leichtesten ihrer Fragen. Keiner von uns war vorher jemals im Eis unterwegs. Es fehlen jegliche Vorkenntnisse. Aber trotz aller Unkenrufe rocken wir es. Wir halten zusammen und geben alles, damit jeder mitkommt.

Lebensschule

Dass wir Schmerz, Enttäuschung, Wut, Gelingen und Glück empfinden, bringt uns voran.

Es kann deshalb helfen, jemanden bewusst in eine herausfordernde Situation hineinrasseln zu lassen. Die Geschichte eines jungen Mannes hat mich in diesem Zusammenhang bleibend beeindruckt: Er hat keine Arme und führt dennoch ein selbstbestimmtes Leben, braucht kaum die Unterstützung anderer. Mit seinen Füßen kann er selbstständig essen, Türen aufmachen, telefonieren oder mit dem Laptop arbeiten. Einfach alles! Und auf die Frage, wie er das alles gelernt hat, antwortet der junge Mann sinngemäß: »Als ich klein war, hat meine Mutter mir eines Tages meine Klamotten hingeworfen und gesagt: ›Sieh zu, wie du zurechtkommst.‹ Das war hart. Ich musste schwer schlucken. Und dann habe ich probiert, mich alleine anzuziehen. Es hat extrem lange gedauert. Mit dem Mund habe ich das T-Shirt auf dem Bett ausgebreitet und bin mit dem Kopf hineingeschlüpft. Aber wie sollte ich den ganzen Oberkörper in den Stoff hineinzwängen, ohne dass das Kleidungsstück wegrutscht? Ich habe mir etwas einfallen lassen, es immer wieder geübt. Und dann habe ich meine Hose mit den Zähnen so lange hochgezogen, bis es geklappt hat.

Meine Schwester war entsetzt, dass ich allein gelassen wurde. Und auch meine Mutter hat im Stillen geweint, weil es sich für sie einfach nur grausam angefühlt hat. Und ja, es war wirklich hart. Aber im Nachhinein ist mir klar geworden: Mehr Liebe hätte mir meine Mutter nicht erweisen können. Sie hat mir, indem sie mir nicht mehr geholfen hat, mich an- oder auszuziehen, die größtmögliche Freiheit geschenkt. Denn ich habe dadurch gelernt, wie es alleine gehen kann. Wenn sich meine Mutter nicht dazu überwunden hätte, durch diesen Schmerz zu gehen, dann wäre ich zeit meines Lebens von anderen Menschen abhängig geblieben.«

Alles in uns sträubt sich gegen so ein Vorgehen. Wer würde so etwas mit dem eigenen Kind machen – noch dazu, wenn es eine Behinderung hat?! Aber indem wir verhindern, dass sich der andere einer schwierigen Situation aussetzt, nehmen wir ihm die Chance, sich weiterzuentwickeln, und bremsen ihn aus.

Es ist wichtig, dass wir Menschen dabei unterstützen, Herausforderungen zu bestehen und Hindernisse zu überwinden. Wir dürfen ihnen auch zeigen, wie es gehen könnte. Aber wir sollten uns hüten, alles für sie zu erledigen. Sonst berauben wir sie ihrer eigenen Möglichkeiten. Dann entsteht nicht Wachstum, sondern Beschränkung. Das Selbstbewusstsein verkümmert.

Wer kennt sie nicht – übervorsichtige Eltern oder Ausbilder, die schon eingreifen, bevor überhaupt etwas geschehen könnte, und auf diese Weise verhindern, dass etwas gelingt? Wir schränken den Aktionsradius der uns anvertrauten Menschen ein, damit ja nichts passiert. Häufig geschieht das aus Unsicherheit. Und manchmal sogar aus lauter Liebe. Und doch ist es falsch.

Unser Aktionsradius als Gruppe soll sich schon bald deutlich erweitern: Wenige Monate nach dem ersten Testlauf in der norwegischen Wildnis brechen wir gemeinsam nach Spitzbergen auf.

20 | LEINEN LOS

Wir stehen auf dem weiß gestrichenen Deck der *Polargirl*. Der rote Rumpf des Schiffes pflügt durch das graublaue Eismeer. Nachdem wir den Hafen von Longyearbyen, dem größten Ort der norwegischen Inselgruppe Spitzbergen, verlassen haben, nimmt die *Polargirl* Kurs Richtung Norden. Es ist Anfang August. Vor drei Tagen sind wir von Hamburg über Trondheim nach Longyearbyen geflogen, haben dort in einem Gästehaus am Rande der alten Bergarbeitersiedlung gewohnt und uns vor Ort weiter auf die Tour vorbereitet. Die Ausrüstung musste auf Vollständigkeit geprüft werden, und die Tagesrationen an Lebensmitteln wurden einzeln abgewogen und sorgsam verpackt. Außerdem haben wir ausprobiert, wie wir das gesamte Equipment in wasserdichten Säcken auf den Pulkas unterbringen. Bei alldem haben wir natürlich auch gemerkt, was uns noch fehlt. Zum Glück gibt es in Longyearbyen, das gerade einmal 2300 Einwohner hat, zwei sehr gut sortierte Ausrüstungsgeschäfte. Uns fällt auf: Immer wieder begegnen wir im Ort Menschen, die mit einem Gewehr auf der Schulter unterwegs sind. Denn die Eisbären, so hören wir, kommen zuweilen bis an die Häuser.

Fahrtwind

Das dumpfe Grollen des Schiffsmotors, das Rauschen des eisigen Fahrtwindes und die Schreie der Möwen sind das Einzige, was weit und breit zu hören ist. Wir verziehen uns bald unter Deck, um nicht völlig auszukühlen. Außer unserer Gruppe sind noch etwa drei Dutzend weitere Passagiere an Bord. Die meisten von ihnen wollen eine verlassene russische Siedlung mit

Namen Pyramiden besuchen und heute Abend wieder zurück in Longyearbyen sein. Wir haben einen anderen Plan: Von der Adolf-Bay aus wollen wir zu Fuß und mit Skiern rund 140 Kilometer bis auf den Gipfel des Newtontoppen zunächst auf- und danach wieder absteigen. 1713 Höhenmeter gilt es dabei zu überwinden. Die Gruppe besteht aus 13 Personen. Neun Auszubildende sind mit dabei: Ben, Bjarne, Jan-Luka, Malte, Mathis, Melissa, Michèle, Mike und Raik. Dann meine Mitarbeiterin Anna, die kurzfristig für eine Auszubildende eingesprungen ist, unsere beiden einheimischen Guides, Sebastian Gjolstad und Lars Christian Larssen, und ich.

Nach gut fünf Stunden Fahrt erreichen wir über den Billefjord unseren Startpunkt in der Adolf-Bay. Eisschollen treiben auf der Wasseroberfläche, die schwarzen Berge des Fjords sind schneebedeckt – eine fantastische Landschaft, voller intensiver Kontraste. Die *Polargirl* fährt nun mit halber Kraft, wird dann immer langsamer und ankert schließlich. Ein Schlauchboot wird seitlich zu Wasser gelassen, und ein Matrose sichert es mit einem Tau, sodass es nicht abtreibt. Wir hieven auf dem unteren Deck Pulka-Schlitten, lange Packstücke mit den in stabile Bodenplanen eingerollten Zelten, Skiausrüstung und wasserdichte Säcke durch eine Öffnung in der Bordwand. Ein zweiter Matrose gibt auf Englisch Anweisungen, nimmt im Boot das Gepäck entgegen und verstaut alles möglichst kippsicher. Wir staunen, wie viel Material in ein derart kleines Boot gepackt wird. Ob das wohl gut geht? Das denken sich vermutlich gerade auch die übrigen Passagiere, die unser Vorhaben gespannt vom oberen Deck aus beobachten. Der Matrose gibt Handzeichen, streckt vier Finger seiner rechten Hand nach oben und winkt mit dem anderen Arm zu sich herüber: Vier von uns sollen kommen. »Bitte steig du gleich als Erstes mit den beiden Guides ins

Schlauchboot«, fordere ich Mathis auf, der neben mir steht und zögert. Scheinbar wird ihm erst in diesem Moment richtig bewusst, auf was er sich da eingelassen hat. Er schaut mich jedenfalls mit großen Augen an: »Wie, ich, jetzt?«

Auch mir wird bewusst: Nun ist so etwas wie ein »point of no return« gekommen. Ab jetzt und hier gilt es, präsent zu sein, ganz im Augenblick. Die Schönheit, aber auch die Gefahr wahrzunehmen: das Eismeer, den riesigen Gletscher, der hier ins Meer kalbt. Eine mehrere Hundert Quadratkilometer große unbewohnte Wildnis, in der überall das Risiko lauert, auf Eisbären zu treffen. All das war mir natürlich schon vorher klar. Doch jetzt wird das Wagnis Wirklichkeit. Nun kommt es darauf an, sich angesichts all der Herausforderungen zu behaupten!

Das Boot schwankt auf den Wellen hin und her. Jeder Tritt, jeder Griff muss sitzen, wenn wir an Bord gehen. Irgendwo neben der Gepäckhalde, die sich in der Mitte des Schlauchbootes hoch auftürmt, heißt es, sich auf engstem Raum einen Platz zu suchen. Zwei sitzen vorne am Bug, zwei auf den Seiten. Zusammengekauert halten sie sich an Leinen und Griffen fest. Der Matrose steht nun in gebückter Haltung am Steuer. Die Leinen werden gelöst, knatternd springt der Außenbordmotor an, und die Nussschale verschwindet zügig in Richtung Gletscher.

Viermal fährt das Schlauchboot zwischen der *Polargirl* und dem Ufer hin und her und setzt uns in kleinen Gruppen über. Ich starte mit der zweiten Gruppe. Während die Touristen auf der Brücke des Schiffes mit dem Fernglas nach Eisbären Ausschau halten, nähern wir uns dem steinigen Küstenstreifen am Fuß des Gletschers und lassen dabei nahezu alles hinter uns, was Sicherheit bedeutet. Klar, wir haben Signalpistolen und zwei Gewehre dabei. Aber helfen die wirklich, wenn uns Eisbären angreifen?

Noch zwei Tage vor unserer Abreise nach Spitzbergen hatte mich eine Meldung aufgeschreckt, dass im Norden der Inselgruppe ein Crewmitglied eines deutschen Kreuzfahrtschiffes, der MS Bremen, bei einem Landgang von einem Eisbären attackiert worden war. Das Tier tauchte plötzlich hinter einem Felsen auf und griff den Mann direkt an. Bevor andere Guides, die in der Nähe waren, den riesigen Bären erschießen konnten, hatte dieser dem überraschten Mann mit seinen großen Pranken schon einige Schläge verpasst und ihn dabei schwer verletzt. Mit einem herbeigerufenen Rettungshubschrauber wurde er nach Longyearbyen geflogen. Besorgte Eltern, die die Meldung ebenfalls gelesen hatten, riefen mich an und fragten, ob wir angesichts solcher Gefahren wirklich in diese Gegend aufbrechen wollen. Was sollte ich sagen? Ich habe alle beruhigt und gesagt, dass wir von sehr guten Guides begleitet werden. Aber ein Gefühl der Unsicherheit ist geblieben, auch bei mir.

Abschied von allen Gewissheiten

Wir kommen nicht ganz bis an Land, das Schlauchboot läuft einige Meter vorher auf Grund. Der Matrose, mit einem wasserdichten Overall und hohen Stiefeln bekleidet, steigt als Erster aus und zieht das Boot noch ein kleines Stück Richtung Ufer. Wir müssen nun aussteigen und die letzten Meter durchs Wasser waten. Ich nehme meinen Rucksack, schwinge beide Beine über die flache Bordwand und lande knietief im knapp zwei Grad kalten Wasser.

Gemeinsam mit der zuerst gelandeten Gruppe bilden wir eine Menschenkette und reichen das Gepäck vom Boot an Land. Während wir es noch am Ufer stapeln, schiebt der Matrose das Schlauchboot schon wieder ins tiefere Wasser, schwingt sich an Bord und startet den Außenborder. Der Bug bäumt sich hoch auf, während er mit maximaler Geschwindigkeit zurück zur *Polargirl* fährt, um die nächste Gruppe überzusetzen.

Ich blicke mich um. Wir stehen auf einem breiten, steinigen Uferstreifen. Ein Geröllhang führt, durchzogen von schwarzen Eisflächen, rechter Hand erst flach und dann immer steiler nach oben in Richtung Gletscherkante. In diese Richtung werden wir gehen, das haben mir unsere beiden Guides schon vom Schiff aus gezeigt.

Einer der beiden, Sebastian, steht ein wenig abseits und schaut prüfend in alle Richtungen. Sein Gewehr hat er umgehängt, die Signalpistole steckt im Gürtelhalfter, damit er sofort handlungsfähig ist, falls sich ein Eisbär nähern sollte. Auch unser zweiter Guide Lars Christian hat direkt an Land seine Waffe durchgeladen. Denn das bevorzugte Jagdgebiet der Eisbären ist die Küste. Hier lauern sie in Buchten wie dieser Robben auf. Doch zum Glück ist ringsum momentan kein Tier zu sehen. Die *Polargirl* dreht ab, und wir sehen dem Schiff noch lange nach, bis es aus unserem Blickfeld verschwindet. In zehn Tagen soll es uns hier in der Bucht wieder abholen.

Die meisten von uns hatten sich eigentlich vorgestellt, dass wir nach der Landung unsere Schlitten, die Pulkas, beladen und dann aufbrechen – die etwa 50 Kilo schweren Lastenträger über das Eis hinter uns herziehend. Aber es kommt alles ganz anders, denn der Gletscher hat sich von der Uferkante zurückgezogen, das Eis ist abgeschmolzen. Der Klimawandel fordert auch hier seinen Tribut. Vom Schiff aus haben wir die Misere schon kommen sehen. Aber jetzt wird allen klar, was es wirklich bedeutet, dass die Gletscherkante gut einen Kilometer von unserem Standort entfernt ist: Bis dorthin müssen wir unsere Ausrüstung und die Schlitten schleppen. 650 Kilo Material, dazu die Skier, die Stöcke und einiges mehr. Wie soll das gehen?

Es wird eine Strapaze. Nach und nach schleppen wir die Pulkas und das Gepäck bis an die Eisgrenze. Wir stolpern über das Geröll, balancieren an Eisflächen vorbei und reichen das Material von Hand zu Hand über einen reißenden Wasserlauf. Gut 300 Höhenmeter sind zu überwinden. Jeder muss mehrmals auf- und absteigen, bis endlich alles oben ist.

Das Eis an der Gletscherkante ist braun und rasiermesserscharf. Zunächst gilt es, die Pulkas mit Seilen und Stöcken zu fixieren, bevor wir sie anschließend mit unserem gesamten Gepäck beladen. Dabei laufen wir zum ersten Mal auf dieser Tour mit Eisschuhen, deren Spikes sich in den Boden krallen und uns den notwendigen Halt auf dem eisigen Untergrund geben.

Der Himmel ist wolkenverhangen, der Wind eisig. Wir haben uns warm eingepackt: Unter der Wollmütze tragen manche noch eine Sturmhaube oder haben einen Schal vors Gesicht gezogen. Auf dem Weg bis zur Gletscherkante hatten wir uns in Gedanken ausgemalt, wie komfortabel es sein würde, wenn wir endlich den Gepäckschlitten mit dem Zugseil am Hüftgurt einhängen und übers Eis gleiten können. Dann hätte die Plackerei endlich ein Ende. Aber die Realität sieht anders aus: Alle paar Meter durchziehen kleine Gräben die Eisfläche. Die Schlitten bleiben hängen, es gibt einen fiesen Ruck, und wir stecken fest. Wir ziehen und zerren mit aller Kraft, packen das Zugseil immer wieder mit beiden Händen und stemmen unsere Füße rückwärtsgelehnt ins Eis, um freizukommen. Nur extrem mühsam geht es vorwärts.

Das Schmelzwasser des Gletschers sucht sich seinen Weg und wäscht dabei tiefe Rinnen aus. Rauschend verschwindet es in türkisblau schimmernder Tiefe. Gefahr droht auch durch riesige Löcher und Spalten im Eis, die sich unvermittelt auftun. Mit Durchmessern von bis zu zwei Metern sollen sie bis zu 30 Meter tief sein. Einer unserer Guides geht voran und prüft im Zweifelsfall mit dem Skistock, ob das Eis trägt oder sich unter einer dünnen Schicht vielleicht doch eine Spalte verbirgt. An schwierigen Stellen seilen wir uns an und laufen in einer Reihe, damit einer den andern im Notfall sichern kann.

Die sogenannten A-Cracks sind besonders tückisch. Denn dann ist die Spalte oben ganz schmal und wird nach unten hin immer breiter. Wer hier hineingerät, rutscht weit ab und ist – wenn überhaupt – nur schwer zu bergen. Bei den V-Cracks ist es umgekehrt: Eine an der Oberfläche breite und gut sichtbare Spalte verengt sich zunehmend. Immer wieder müssen wir solche Spalten überwinden.

Lebe wild und gefährlich

Vielleicht kennst du das bekannte Plakat des Hamburger Künstlers und Schriftsetzers Artur Dieckhoff. Es zeigt einen Jungen in kurzer Hose, der eine Wollmütze trägt, ein irgendwie lustiger und gleichzeitig verwegener Typ, eine Aufnahme aus den 1920er-Jahren. Daneben steht der Text:»Und du fragst mich, was ich tun soll? Und ich sage: Lebe wild und gefährlich, Artur.« Wenn ich sagen sollte, was dieser Junge auf dem Bild ausstrahlt, würde ich als Erstes das Wort»Selbstbewusstsein« nennen.

Ein Abenteuer zu wagen, mich auf etwas einzulassen, dessen Ausgang ich nicht kenne, erfordert meine ganze Aufmerksamkeit. Die Widrigkeiten, die ich unterwegs erlebe und zu ertragen habe, bringen mich ganz zu mir selbst. Ich muss mich der Situation mit jeder Faser meines Seins stellen. Dadurch entsteht Gegenwärtigkeit. Was mich im emotionalen Sturm einer kritischen Situation bewahrt, ist dies: aus dem Moment heraus klare Entscheidungen zu treffen und von dort aus den nächsten Schritt zu gehen. Den Blick nicht auf das zu lenken, was im schlimmsten Fall passieren könnte, aber sich dennoch der eigenen Grenzen bewusst zu sein. Wachsam zu bleiben, um den Punkt zu erkennen, an dem aus der Grenzerfahrung eine tödliche Bedrohung werden kann.

Es geht, wenn wir ein gelingendes Leben führen wollen, immer darum, geistesgegenwärtig zu sein. Im richtigen Moment zu spüren, worauf es ankommt, und dann aus einem gesunden Selbstbewusstsein heraus zu handeln.

Wir glauben oftmals, irgendwo – und vielleicht sogar als Erster – ankommen zu müssen. Aber der Weg ist auch wichtig, wahrscheinlich sogar noch wichtiger. Es geht darum, zu *sein*. Das unmittelbare Erleben, das Jetzt. Die pure Präsenz. Eine uralte

Geschichte spiegelt, was es bedeutet, nur in kleinen Etappen voranzukommen und Hindernisse Schritt für Schritt zu überwinden – eine Erfahrung, die wir auch hier in der Eiswüste gerade machen: Ein Schüler kommt zu einem Wüstenvater, einem weisen Mann, der sich in die Einöde zurückgezogen hat, um für sich und sein Leben Klarheit zu gewinnen. Der Schüler will von ihm lernen.

Der Wüstenvater zeigt ihm ein großes Feld, das völlig mit Dornen überwachsen ist, und gibt ihm den Auftrag:»Richte diesen Acker her, damit dort wieder etwas angebaut werden kann.« Der Schüler beginnt mit den Arbeiten. Es ist extrem mühselig und anstrengend, und er kommt kaum voran. Angesichts der Größe des Feldes und des vergleichsweise kleinen Stücks, das er bereits gerodet hat, kommt bei ihm das Gefühl der Hoffnungslosigkeit auf. Warum muss gerade er jetzt diesen üblen Acker bearbeiten? Gäbe es keine andere Stelle, an der er es einfacher hätte?

Der Wüstenvater gibt ihm den Rat:»Kümmere dich jeden Tag nur um einen kleinen Teil des Feldes, eine Fläche, die in etwa deiner Körperlänge entspricht – und mach es ordentlich. Achte immer auf den nächsten Schritt.« In der Gegenwärtigkeit zu leben, auf das Jetzt zu schauen, das ist entscheidend.

Wie könnte für dich der erste Schritt bei einer vermeintlich unlösbaren Aufgabe aussehen?

21 | WAHRNEHMEN, WAS IST

Dunkel wird es am nördlichen Polarkreis in den Sommermonaten nicht. Wir könnten endlos weitergehen. Als wir nachts um ein Uhr endlich eine einigermaßen ebene Stelle erreichen, die unseren Guides als Lagerplatz geeignet erscheint, sind wir bereits mehr als 17 Stunden auf den Beinen und alle ziemlich erschöpft. Der Wind fegt mit einer Geschwindigkeit von 20 Metern pro Sekunde über uns und die Eisfläche hinweg, während wir unsere sechs Tunnelzelte aufbauen. Was du nicht richtig gut festhältst, fliegt weg. Es klingt fast wie wild und laut schlagende Segel im Wind, wenn die heftigen Böen den leichten Stoff der Zelte hin und her beuteln. Heringe allein könnten den Druck nicht halten. Wir spannen jede Menge Sturmleinen und beschweren die Zeltränder zusätzlich mit Steinen und unseren beladenen Pulkas. Als wir endlich unsere Isomatten im Zelt ausrollen und uns einen Moment ausruhen können, sind alle mehr als froh.

Der Kocher rauscht, im Topf schmilzt Schnee. Wir freuen uns auf ein warmes Abendessen und einen heißen Tee. Aber bevor wir uns gegen drei Uhr früh schlafen legen, muss noch die Nachtwache eingeteilt werden. Jede Stunde werden wir uns heute und in den nächsten Tagen damit abwechseln. Im Laufe der Tour kommt jeder mehrfach an die Reihe. Die Auszubildenden übernehmen die Einteilung, wer wann Wache schiebt. Die begehrten Zeiten sind natürlich stets die Schichten zu Beginn oder Ende einer Nacht. Die Zeiten zwischen ein und vier Uhr sind eine echte Herausforderung.

Es braucht eine Nachtwache, weil wir kein Tripwire einsetzen können, um die Gruppe rechtzeitig vor nahenden Eisbären zu warnen. Ein solcher Stolperdraht wird häufig bei Touren in arktischen Gebieten an Lawinenstöcken rings um den Lagerplatz verspannt. An jedem Stock ist ein Knallkörper angebracht, der bei der geringsten Berührung zündet. Doch unsere Gruppe und das Lager mit sechs Zelten ist für eine derartige Konstruktion leider zu groß. Der Kreis, den wir ums Lager ziehen müssten, hätte einen zu großen Umfang und der verspannte Draht damit nicht ausreichend Spannung, sodass der Mechanismus schlicht nicht funktionieren würde. Stattdessen müssen wir die gesamte Nacht über Wache stehen und aufpassen.

Es kostet Überwindung, sich aus dem warmen Schlafsack zu schälen und die kalten, durchgefrorenen Schuhe anzuziehen. Aber gleichzeitig ist es auch eine unglaublich intensive Erfahrung: Du hörst den Wind, schmeckst den Schnee in der Luft und siehst, wenn du in die Weite blickst, nur Weiß und Schwarz: Schnee und Eis und im Kontrast die schwarzen, schroffen Felsen. Jeder muss sich während der Wache der Herausforderung stellen, alleine die Verantwortung für die gesamte Gruppe zu tragen. Zwischen den Zelten zu stehen, die Umgebung mit dem Fernglas abzusuchen und sich die Frage zu beantworten:»Ist das dahinten auf dem Schneefeld ein größerer Buckel – oder ein großes Tier?«

Würde ein Bär sich dem Lagerplatz nähern, wäre es die Aufgabe der Nachtwache, sofort einen der Guides zu wecken, die das Gewehr griffbereit im Zelteingang liegen haben. Sie entscheiden dann, was zu tun ist. Ob wir versuchen, den Bären mit einem Schuss aus der Signalpistole zu vertreiben, oder ob es zum Äußersten kommt und wir mit scharfer Munition auf das Tier schießen müssen. Dies ist nur erlaubt, wenn eine akute Gefahr für Leib und Leben besteht. Sicherheitshalber haben die Guides mit uns auch geübt, wie ein Gewehr zu bedienen ist – falls einer oder beide aus irgendeinem Grund ausfallen sollten.

Nachtwache bei klarer Sicht ist noch vergleichsweise einfach. Wenn man aber wegen starkem Schneefall und gleichzeitiger starker Sonneneinstrahlung nur einen Meter weit sehen kann, ist das schon etwas ganz anderes. Und die Warnungen im Vorfeld waren recht eindringlich: Eisbären sind schnell. In Windeseile legen sie mehrere Hundert Meter zurück. Und wenn sie Menschen im Zelt angreifen, beißen sie immer erst in den Kopf. Der Eisbär marschiert geradewegs durchs Zelt und schnappt zu.

Eine Stunde ist um. Ben löst mich ab. Ich wecke ihn leise, damit seine beiden Zeltnachbarn nicht aufwachen. Ben ist gerade einmal 17 Jahre alt und stellt sich mit einem derartigen Gottvertrauen der Situation, dass ich voller Bewunderung bin.

Nicht noch mehr Zeit verlieren

Wie spät mag es sein? Ich suche nach meiner Uhr. Es ist kurz vor neun. Doch Zeit spielt hier eigentlich keine Rolle. Sie ist nur eine Maßeinheit, um den Überblick zu behalten, welchen Wochentag wir gerade haben. Ich muss tatsächlich kurz überlegen: Ist heute Mittwoch oder schon Donnerstag? Die Übergänge von Tag und Nacht sind kaum wahrnehmbar in einer gleichbleibenden, diffusen Helligkeit.

Ich strecke meinen Kopf durch den Zelteingang nach draußen. Langsam erwacht unser kleines Lager. Die Ersten haben bereits Schnee geholt, um heißes Wasser fürs Frühstück vorzubereiten. Das Fauchen der brennenden Kocher, das ich höre, ist ein sicheres Zeichen dafür. Zum Frühstück gibt es eine Mischung aus Haferflocken, Nüssen, Trockenfrüchten, Milchpulver und Öl. Nach dem Essen bauen wir mit klammen Fingern die Zelte ab, beladen die Pulkas mit unseren Habseligkeiten und ziehen los.

Wir müssen zusehen, dass wir weiterkommen. Da es bei der Anreise nach Spitzbergen erhebliche Verzögerungen gab, haben wir im Vorfeld der Tour drei komplette Tage verloren. Tage, die uns für die Wanderung über den Gletscher nun nicht mehr zur Verfügung stehen.

Eine Teilnehmerin hatte am Hamburger Flughafen aus Unachtsamkeit ihren Personalausweis nicht dabei und musste sich dort einen Behelfsausweis besorgen. Unglücklicherweise durfte sie aber mit diesem Behelfsdokument dann beim Umstieg Oslo nicht mit der Gruppe weiterfliegen. Bei einem anderen Teilnehmer war der Pass abgelaufen, was auch erst in Oslo auffiel. Ein ziemlicher Schreck. Monatelang hatten wir die Tour bis ins Detail geplant – und dann so etwas! Aber es half alles nichts. Die beiden mussten, zusammen mit Malte, der sich als freiwilliger Unterstützer in dieser Situation anbot, auf dem norwegischen Festland bleiben, um die notwendigen Formalitäten zu erledigen. Letztlich musste der junge Mann mit dem ungültigen Pass zurück nach Deutschland, die beiden anderen haben nach vielem Hin und Her zum Glück noch einen Anschlussflug nach Spitzbergen bekommen.

Zu allem Überfluss fehlte einem der Teilnehmer, der bereits angekommen war, in Longyearbyen die komplette Ausrüstung, weil sein Gepäck unterwegs vertauscht worden war. Viele von uns haben ihm etwas von ihrer Kleidung abgegeben, und wir konnten vor Ort noch das eine oder andere organisieren. Aber die Aufregung war groß, und die beiden Guides räumten uns, wie sie später zugaben, zu diesem Zeitpunkt nur eine dreißigprozentige Chance ein, die Tour überhaupt zu schaffen. Denn es war klar: Wenn wir bis auf den Gipfel des Newtontoppen kommen wollen, müssen wir wesentlich schneller gehen als ursprünglich geplant. Die Tagesetappen werden länger, die Pausen seltener und kürzer, und an Ausschlafen ist nicht zu denken. Und das mit einer Truppe von Greenhorns.

Grenzerfahrungen

Das ganze Vorhaben ist ein Wagnis, vieles schlicht unkalkulierbar. Es gibt kein Netz und keinen doppelten Boden. Es bleibt vor allem eines: ein Risiko. Um etwas wirklich Großes zu erfahren, muss man im Leben manchmal kompromisslos sein und etwas wagen. Mit Schneeschuhen über die rasiermesserscharfe Eisschicht des Gletschers zu gehen, acht Stunden auf Skiern über das blanke Eis zu laufen, tiefe Gletscherspalten zu überwinden und bei Windstärke neun das Nachtlager aufzubauen – das alles fordert uns mit jeder Faser unseres Daseins heraus. Wir sind völlig übermüdet, doch wir rappeln uns immer wieder auf und gehen weiter. Und wir lernen schnell, welche Fähigkeiten es braucht, um in der Wildnis zu überleben. Sich den Elementen der Natur auszusetzen, ist eine gute Lebensschule. Denn im Überschreiten physischer und psychischer Grenzen erlangen wir auch eine ungeheure spirituelle Kraft. Das Überwinden von Schwierigkeiten und die Freisetzung einer ungeahnten Leistungsfähigkeit lösen starke Gefühle aus. Mit Erfahrungen, die mich aus dem emotionalen Gleichgewicht bringen, kräftige ich mein Selbst und gewinne Vertrauen. Vertrauen in mich und meine Selbstwirksamkeit. Nur wenn ich Grenzen überschreite, kann ich meinen Horizont erweitern. Eine Erkenntnis, die sowohl den Blick nach außen als auch den nach innen betrifft. Auch meine Sicht nach innen ist begrenzt. Ich schaue immer nur bis zu einem gewissen Punkt. Wenn ich alles nur vom Kopf her betrachte, ist meine Wahrnehmungsgrenze sehr viel dichter, als wenn ich das Herz dazunehme. Indem ich lerne, bei anstehenden Entscheidungen zusätzlich zu meinem Verstand auch meine Gefühle einzubeziehen, und damit beginne, auf meine Intuition zu vertrauen, erweitert sich mein Horizont. Ich komme meinem Selbst näher. Auf das Wesentliche zurückzukommen, das müssen viele erst lernen. Weil sie verlernt haben, achtsam zu sein. Achtsamkeit ist die Voraussetzung dafür, etwas wahrzunehmen. Uns ist sie in dieser schnelllebigen Welt ein Stück weit verloren gegangen. Die Achtsamkeit für unsere Mitwelt, unsere Umwelt – und vor allem auch für uns selbst.

Wenn du in einen Brunnen schaust, kannst du dein Spiegelbild nur erkennen, wenn der Wasserspiegel sich beruhigt hat. Dazu braucht es Zeit, Geduld und Achtsamkeit. Deshalb gehe ich mit den Jugendlichen bewusst in die Einsamkeit. Dafür müssen es keine Touren bis ans Ende der Welt sein. Und auch nicht nur die harten, toughen Chuck-Norris-Nummern. Es kommt vor allem darauf an, sich von alten Gewissheiten zu lösen. In der Regel des heiligen Benedikt heißt es:»Höre mit dem Herzen.« Das ist das, worum es geht.

Woran erkennst du, dass es für dich an der Zeit ist, etwas zu ändern? Was brauchst du für den ersten Schritt in die neue Richtung? Und wo und wann hast du bereits gute Erfahrungen gesammelt, wenn es galt, deinem Leben eine neue Richtung zu geben?

Am dritten Tag kann Mathis morgens nicht aufstehen, er hat Schüttelfrost und Fieber, der Rotz läuft ihm aus der Nase. Wir beratschlagen, was wir tun können. Denn eines steht fest: In diesem Zustand kommt Mathis keinen Meter mehr weiter. Als er vorhin kurz aufgestanden ist, konnte er sich kaum auf den Beinen halten und musste sich sofort wieder hinlegen. Kurz stellt sich die Frage, ob wir angesichts dieser Situation die Tour hier abbrechen und zurückgehen müssen. Vielleicht können wir Mathis warm einpacken, auf einen Pulka legen und abwechselnd ziehen. Dazu müssten wir das Gepäck von mindestens zwei Personen auf den Rest der Gruppe verteilen, um Mathis und denjenigen, der ihn zieht, zu entlasten. Schnell wird mir klar: Das ist nicht machbar. Was können wir stattdessen tun? Über Satelliten-Telefon die GPS-Koordinaten unseres Standortes durchgeben und einen Rettungshubschrauber anfordern? Einen Moment lang denke ich über die Optionen nach, dann sage ich nach Beratung mit Sebastian zu den Umstehenden:»Es gibt kein Zurück. Wir werden nicht umkehren.« Und zu Mathis gewandt:»Was hilft es, wenn wir dort oben auf dem Gipfel stehen und du nicht dabei bist? Wir bleiben erst einmal hier und warten ab. Sebastian gibt dir eine Medizin, mit der es dir hoffentlich bald besser geht.«

Unser Guide beugt sich zu Mathis, der bleich auf seinem Pulka sitzt, herunter:»Ich gebe dir jetzt etwas; damit bist du schnell wieder auf den Beinen.« Er löst zwei Tabletten auf und reicht Mathis den Becher. Tatsächlich kann dieser zwei Stunden später aufstehen. Wir helfen ihm beim Packen, bauen die Zelte ab, beladen die Pulkas und laufen los. Es geht zwar langsamer voran als gestern, doch zum Glück ist der Weg heute nicht ganz so beschwerlich. Der Schnee ist fest und nicht tief, das Wetter spielt mit. Aber Mathis ist nach wie vor ziemlich angeschlagen. Als wir Mittagspause machen, klagt er über kalte Füße. Während er sich auf seinem Schlitten sitzend ausruht, zieht ihm Sebastian Schuhe und Socken aus und wärmt die nackten Füße unter seiner Jacke, ganz dicht am Körper.

Abends frage ich Sebastian, was das denn für ein erstaunliches Heilmittel war, das er Mathis gegeben hat.»Nun ja«, sagt Sebastian,»das war etwas Apfelschnaps, in dem ich zwei Vomex-Tabletten aufgelöst habe. Eigentlich ein Mittel gegen Reisekrankheit und Übelkeit. Aber es hilft anscheinend auch gegen den Infekt. Ich glaube, es ging vor allem darum, dass Mathis sich emotional getragen gefühlt hat. Die Umsicht und Fürsorge aller haben ihm sichtlich gutgetan.«

Sich gut aufgehoben fühlen

Kann es inmitten einer riesigen Eiswüste heimelig sein? Ja, das kann es. Weil wir uns gut aufgehoben fühlen. Manche liegen schon im warmen Schlafsack, andere sitzen noch zusammen bei einem Becher heißem Tee, an dem sie sich die Hände wärmen. Der Tag war lang und hart. Doch jetzt, wo wir einen Schlafplatz gefunden, gegessen und uns etwas aufgewärmt haben, herrscht eine wunderbar gelöste Atmosphäre.

Die Landschaft, die Kälte, die Anstrengung – das hat jeden gefordert und uns mit dem Leben auf eine besondere Weise und ganz unmittelbar in Berührung gebracht. Wir erzählen, während der Tag zur Ruhe kommt, einander von den kleinen und großen Abenteuern und kommen dabei schnell auch auf Wesentliches. Was ist uns in diesen Tagen, inmitten des Eises, ganz neu bewusst geworden? Die eine hat gelernt, was es heißt, etwas extrem Unangenehmes durchzustehen. Der andere hat erfahren, wie wohltuend es ist, sich in der Gemeinschaft aufgehoben zu wissen. Dass er Fähigkeiten besitzt, die andere an ihm besonders schätzen. Zum Beispiel die Art, wie er vorangeht und wie er Dinge auf den Punkt bringen kann. Oder einfach nur seine ansteckende Fröhlichkeit. Andere aus unserem Kreis haben erlebt, dass niemand lacht, wenn sie sich schwach zeigen.

Junge Menschen sehen in mir auf den gemeinsamen Reisen oftmals so etwas wie eine Vaterfigur. Von Dritten darauf angesprochen, war mir der Gedanke erst fremd – aber es könnte sein, dass es wirklich so ist ...

Anders als in unserem beruflichen Alltag sind wir auf unseren Touren unentwegt zusammen, und es entsteht eine große Nähe, ohne dass ich dies bewusst anstreben würde. Da wird mir von sehr Privatem, von Krankheiten und gesundheitlichen Ein-

Adolf Bay, hier beginnt unsere Tour

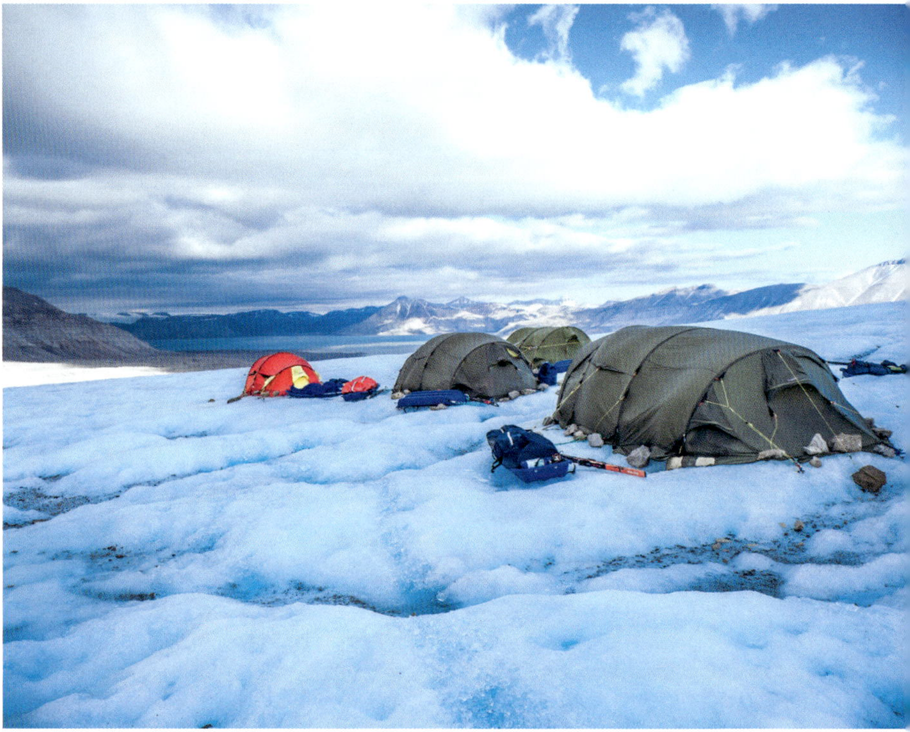

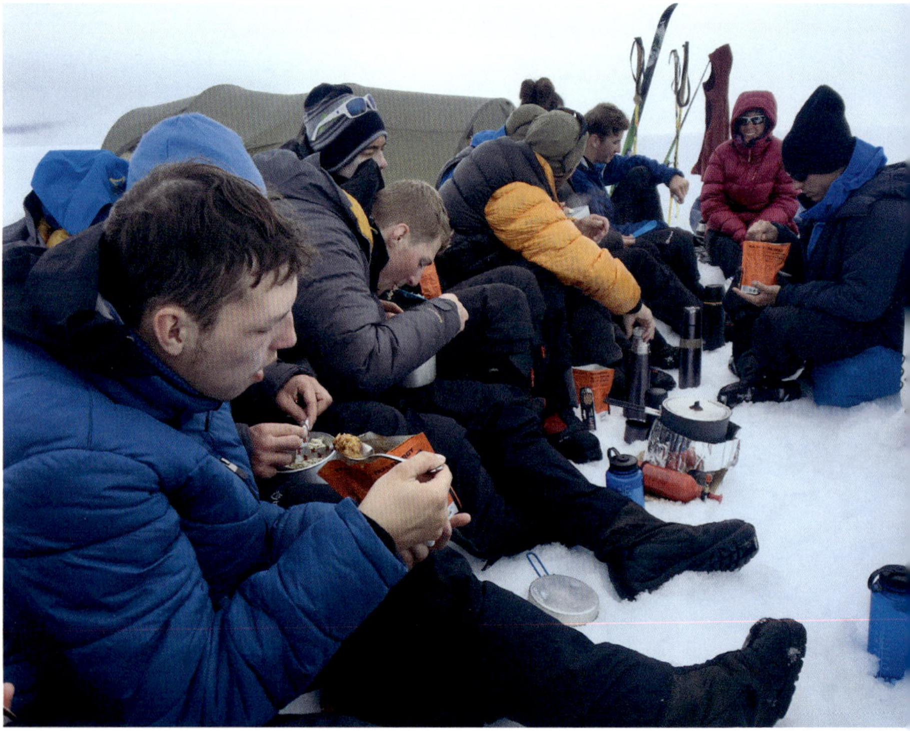

chen im Zelt

schränkungen berichtet, von Enttäuschung und Wut. Junge Menschen öffnen sich und schütten mir ihr Herz aus. Sie spüren, dass ich mich für ihr Leben, ihre Sorgen und Nöte, ihre Ängste und Hoffnungen interessiere. Dabei höre ich oft einfach nur zu und merke, wie gut es meinem Gegenüber tut, dass da einer ist, der ein offenes Ohr für seine Anliegen hat. Ich frage nach, versuche, Gedanken aufzugreifen – genau zu beobachten und möglichst wenig zu bewerten.

Einige kennen so etwas von zu Hause so nicht – viele sind auf der Suche nach einem guten Vater. Einem, der ihnen eine Tür zum Leben öffnet. Einem, der es bedingungslos gut mit ihnen meint.

Ein junger Mann hat schon seit vielen Jahren das Gefühl, dass er vielleicht eine Mitschuld an der Trennung seiner Eltern hat. Sie haben sich, als er noch ganz klein war, immer wieder heftig gestritten – und dann ist sein Vater ausgezogen. Seitdem hat er ihn nicht mehr gesehen. Obwohl nie die Rede davon war, dass er schuld an der Trennung sei, hat er doch das Gefühl, dass es so ist. Eine junge Frau leidet darunter, dass ihre Mutter anscheinend nur Augen für den neuen Freund hat und sie als Tochter nur irgendwie mitläuft.

Beobachten und bewerten

Mit unseren Bewertungen liegen wir oftmals ziemlich daneben. Denn was bedeutet es, wenn mein Gegenüber irritiert auf das reagiert, was ich ihm gerade gesagt habe? Liege ich mit meiner Aussage total falsch? Oder ist mein Gesprächspartner verunsichert, weil ihn das Gesagte tief in seinem Inneren trifft, weil ich den Kern des Problems angesprochen habe? Ich weiß es nicht. Wenn ich das Geschehen in diesem Moment bewerten würde, läge ich in meiner Einschätzung vielleicht völlig falsch.

Und die Wahrscheinlichkeit, dass wir etwas so beurteilen, wie es der andere auch für sich wahrnehmen und annehmen kann, ist ohnehin ziemlich gering.

Welcher Mensch kann auch wirklich letztgültig sagen, was richtig und falsch ist? Es gibt keine Unfehlbarkeit, und wir wissen letztlich auch nie genau, was dem anderen guttut. Was wir dem anderen in bester Absicht raten wollen, kann völlig daneben sein. Und wie leicht kommen wir dazu, eine Situation zu bewerten, ohne dass wir danach gefragt werden? Reicht es nicht zu sagen, was man gehört, gesehen oder gefühlt hat, während der andere zu uns gesprochen hat? Die Wahrnehmungen zu beschreiben und meinem Gegenüber die Entscheidung zu überlassen, wie er das Geschehen letztlich beurteilt, nachdem wir uns darüber ausgetauscht haben? Auf diese Weise vorzugehen, zeigt unsere Wertschätzung. Und dem anderen einen Spiegel vorzuhalten, ist oftmals auch ein wichtiger Schritt auf dem Weg zur Selbsterkenntnis. Bei der Beobachtung geht es nicht um richtig oder falsch, sondern nur um Ursache und Wirkung. Die Frage: »Etwas geschieht hier, weil …?«

Welche Verhaltensmuster erkennst du bei dir, wenn du auf die Beziehungen zu deinen Eltern, deinen Kindern, deiner Partnerin oder deinem Partner schaust? Was könnte die Ursache dafür sein, dass du so reagierst?

23 | VATERSEELENALLEIN

Viele der Gespräche, die ich mit Mitarbeitern, Bekannten und Freunden führe, drehen sich um das Thema Familie. Immer wieder höre ich heraus, wie groß die Not ist, wenn es um ein besonderes Thema geht: wie viele Menschen sich nach einem Vater sehnen, der wirklich Zeit für sie hat und Interesse an dem zeigt, was ihnen wichtig ist. Gerade jungen Menschen fehlt es häufig an Bestätigung und Halt. Hier gibt es eine große Kluft zwischen dem, was erstrebenswert wäre, und dem, was tatsächlich ist.

Es gibt immer weniger intakte Familien. Statistisch betrachtet werden in Deutschland leider fast 40 Prozent der geschlossenen Ehen im Laufe der Jahre geschieden. Elternpaare trennen sich. Vielfach kommen neue Lebensabschnittsgefährten, neue Partnerinnen und Partner ins Spiel. Andere versuchen, als Alleinerziehende den Kindern Vater und Mutter zugleich zu sein. Damit einhergehend sind viele junge Menschen tief verunsichert. Das habe ich in vielen Gesprächen gespürt und erfahren. Ich sehe das Bemühen der Eltern, ihren Kindern gerecht zu werden. Und ich sehe die Not – die der Eltern und die der Kinder.

Der regelmäßige Kontakt der Kinder mit dem von der Mutter getrennt lebenden Vater ist gut und wichtig. Aber Kinder brauchen einen Vater, der ihnen täglich nahe und für sie greifbar ist. Einen, dem sie sich anvertrauen und mit dem sie spontan ihre Sorgen und Freude teilen können. Und es zeigt sich leider, dass selbst manche Kinder aus »intakten« Familien oftmals nicht auf diese Erfahrung zugreifen können. Der Vater ist einfach viel zu wenig zu Hause, und falls doch, nur selten wirklich ansprechbar. Weil ihm das Zuhören schwerfällt und er eigentlich mit dem Kopf schon wieder woanders ist. Wie viele Kinder vermissen einen richtigen Vater, der auch in ihrem Alltag eine Rolle spielt?

Ich selbst habe an dieser Stelle auch Fehler gemacht. So haben es mir meine Kinder zurückgemeldet. Ohne dass es mir bewusst war, trug mein Verhalten dazu bei, dass sie sich häufig nicht genug gesehen fühlten. Dann kann es geschehen, dass Kinder das Gefühl entwickeln, als Mensch, Tochter oder Sohn, nicht wichtig zu sein.

Als ich eines Tages, nach mehreren Wochen Abwesenheit, von unserer Tour zum Kilimandscharo und einer sich anschließenden Reise nach Ruanda nach Hause kam, freute ich mich wahnsinnig auf das Wiedersehen mit meiner Familie. Sosehr ich liebe, was ich tue – ich hatte alle total vermisst. Claudia und meine Kinder standen in der Tür, wir fielen uns in die Arme. Dann gab es noch eine Überraschung: Es sollte gleich weiter zu meiner Schwiegermutter gehen. Aus Freude über meine Rückkehr hatte sie ein Festessen für uns vorbereitet. Es war wirklich wunderbar, zusammen an einer schön gedeckten Tafel zu sitzen und das leckere Essen zu genießen. Wir blieben trotzdem nicht allzu lange, denn ich war von der Reise sehr müde. Und eines wollte ich an diesem Tag noch unbedingt machen: meine Geschenke, die ich mitgebracht hatte, überreichen.

Für Julius, unseren Erstgeborenen, hatte ich ein Fußballtrikot im Gepäck. Mein Sohn ist fußballbegeistert, und wir hatten schon länger den»Deal«, dass ich ihm jedes Mal, wenn ich im Ausland unterwegs bin, auf jeden Fall ein Trikot der jeweiligen Nationalmanschaft mitbringe. So rief ich, als wir nach dem Essen wieder zu Hause waren, Julius zu mir, um ihm das Trikot der Fußballnationalmannschaft von Ruanda zu überreichen. Zu meiner Überraschung schaute Julius das Trikot nur kurz an und warf es dann in eine Ecke. Ich dachte, ich traue meinen Augen nicht.

In den vergangenen Tagen hatte ich auf meiner Reise nach Ruanda – wo wir uns als Unternehmen beim Bau von Schulen engagieren – Kinder getroffen, die jeden Tag viele Kilometer zu Fuß unterwegs sind, um Wasser zu holen. Aus Schilfhalmen stellen sie sich einfache Bälle her, um damit zu kicken, weil ihre Eltern so arm sind, dass sie kein Spielzeug kaufen können.

Nun ließ ich angesichts des Verhaltens meines Sohnes meiner Enttäuschung freien Lauf. »Was ist das denn?! Dir geht es wohl zu gut!«, rief ich voller Zorn und zog mich traurig und wütend zugleich in die Küche zurück. Die Tür knallte ich hinter mir zu.

Nach einer Weile kam meine Frau zu mir und sagte: »Julius möchte mit dir reden.«

»Du, Papa ...«, sagte mein Sohn. »... wenn Kinder Fehler machen, dann werden sie von den Eltern beschimpft.« Julius hatte seinen Satz noch nicht beendet, da holte ich schon tief Luft, um ihm zu sagen, wie unverschämt ich sein Verhalten fand ... Doch meine Frau unterbrach mich, bevor ich irgendetwas sagen konnte: »Bodo, hör einfach nur hin.«

Und Julius fuhr fort: »... und wenn Erwachsene Fehler machen, wird ein Fest gefeiert.«

Ich war völlig konsterniert: »Julius, das musst du mir bitte erklären.«

»Papa, du warst mehrere Wochen nicht da. Dann kommst du endlich nach Hause, und Oma macht das tollste Essen für dich. Alle kommen vorbei und freuen sich, dass du wieder da bist – und wir feiern zusammen.«

»Ja, und ...?«

»Wieso wird ein Fest gefeiert, wenn du Fehler machst?«

»Welchen Fehler habe ich denn gemacht?«

»Du hast dich in den letzten Wochen nur um andere Kinder gekümmert, aber nicht um deine eigenen.«

Mein damals neunjähriger Sohn stand vom Küchentisch auf und verschwand in seinem Zimmer, während ich betroffen zurückblieb. Seine Aussage hatte mich mitten in mein Herz getroffen.

Oftmals versuchen wir als Eltern mangelnde Präsenz und versäumte Anteilnahme mit materiellen Dingen zu kompensieren. Statt Zeit mit den Kindern zu verbringen, machen wir ihnen Geschenke – und merken irgendwann, dass dies keine Lösung sein kann. Das noch so tolle Smartphone, die neueste Spielekonsole – sie ersetzen nicht die Nähe zu einem geliebten Menschen. Und aus der Enttäuschung des Kindes, dass es etwas anderes empfängt als das, was es wirklich braucht, wächst das spürbare Verlangen, dies mit noch größeren Geschenken zu kompensieren. Ein Teufelskreis.

Ich glaube mittlerweile, dass die Fülle an Spielsachen im Zimmer eines Kindes oftmals nur Ausdruck der Ich-Bezogenheit mancher Eltern ist. Je egozentrischer sie sind, desto vollgestopfter ist das Kinderzimmer mit Spielsachen. Einige erkaufen sich auf diese Weise Zeit für sich selbst.

Irgendwann habe ich gemerkt, dass es beim Vatersein eben nicht nur um ein Versorgen und Behüten oder ein Beschenken geht, sondern vor allem darum, Vertrauen zu stärken und gemeinsam mit meinen Kindern auf dem Weg zu sein. Miteinander Sorgen und Nöte zu teilen, kleine und große Erfolge zu feiern. Ich brauchte sehr lange, um zu verstehen, dass es einen großen Unterschied macht, ob ich mit Hilfe anderer den Alltag der Kinder organisiere oder selbst für sie da bin. Es geht eben nicht nur darum, dass sie versorgt sind, sondern dass sie echte Fürsorge und emotionale Verbundenheit erfahren. Einander zuzuhören und echtes Interesse zu zeigen, ist so wichtig! Ich habe dies erlebt, als ich mich zum Elternsprecher für die Klasse meines Sohnes wählen ließ. Für Julius war dies ein Zeichen, dass er mir wirklich wichtig ist. Es geht nicht nur um eine körperliche, sondern ganz besonders auch um eine geistige Präsenz. Kinder, die eine derartige Nähe und Liebe erfahren, fühlen sich geborgen und wohl.

Wenn sich ein Vater beruflich aufreibt, um der Familie eine materielle Sicherheit zu geben, und darüber den Kontakt zu den Kindern verliert, ist dies ein echter Verlust. Ich glaube, dass Kinder viel glücklicher sind, wenn die materielle Sicherheit nur halb so groß ist, aber dafür ihr Vater in ihrem Leben präsent ist.

Seit Jahren schreibe ich Tagebuch. Ich setze mich morgens zu Hause in meinen gemütlichen Ohrensessel und notiere, was mich bewegt. Und meine Töchter eifern mir nach. Abends, bevor sie das Licht ausmachen, schreiben sie in ihr kleines Tagebuch, was sie erlebt haben, und verstecken es unter ihrem Kopfkissen. Nachdem ich damit begonnen habe, in meinem schwarzen Moleskin-Buch kleine Sketch-Notes zu zeichnen, haben sie auch dies aufgegriffen. Sie haben sich neben mich gesetzt, mir ein wenig über die Schulter geschaut und dann begonnen, ebenfalls zu malen. Kinder sind dankbar dafür, etwas nachahmen zu können, was sie bei uns sehen. Wie würde die Welt aussehen, wenn wir als Erwachsene nur ansatzweise so viel Interesse an unserer Umwelt und unseren Mitmenschen zeigen würden wie unsere Kinder?

Dass wir ihnen gute Anregungen und Beispiele geben, ihnen ermöglichen, mitzumachen – das ist so wichtig. Es ist hilfreich, wenn wir Rituale schaffen, wie wir unsere gemeinsame Zeit gestalten. Dass wir uns zum Beispiel jeden Abend, wenn möglich, auch zur gleichen Uhrzeit, zusammensetzen, uns voneinander erzählen und hören:»Wie war dein Tag?« Oder dass bei kleineren Kindern eine Geschichte den Tag abschließt. Kinder spüren sehr deutlich, ob das Interesse, das wir ihnen entgegenbringen, ehrlich ist.

Während der Corona-Krise habe ich zwölf Wochen zu Hause gearbeitet und hatte das Gefühl, dass sich dies sehr positiv auf die Beziehung zu meinen Kindern ausgewirkt hat. Nie zuvor habe ich über einen so langen Zeitraum mit ihnen abends etwas gespielt. Wir haben im Garten Feuer gemacht, miteinander gesungen und Fußball gespielt. Das waren ganz wunderbare Momente.

Sich für die Kinder entscheiden

Kleine Kinder können nicht verstehen, weshalb der Vater nicht zu Hause ist. Die ganzen guten Argumente, weshalb ich als Vater gerade irgendetwas uneingeschränkt Wichtiges tun muss, kann es nicht nachvollziehen. Es versteht nur eines: Ich bin nicht wichtig.

Bei den eigenen Kindern können wir den erlebten Mangel an Nähe oft gar nicht so richtig wahrnehmen. So ging es mir jedenfalls lange Zeit. Ich habe nicht gemerkt, dass ihnen etwas Entscheidendes fehlte, weil ich glaubte, dass meine Kinder doch offensichtlich alles haben. Für sie ist gut gesorgt: Sie haben eine großartige Mutter, die sich den ganzen Tag um sie kümmert. Sie wachsen in einem wohlbehüteten Zuhause auf, haben immer genug zu essen. Alle sind gesund und scheinen glücklich zu sein. Aber es geht eben nicht um meine Wahrnehmung der Situation, sondern darum, was die Kinder wirklich brauchen; die emotionalen Bedürfnisse, und um das, was manche Ratgeber heute mit »Quality Time« beschreiben: gemeinsam verbrachte Zeit, ungeteilte Aufmerksamkeit in Verbindung mit physischer und emotionaler Nähe. Gerade die Nähe fehlte an vielen Stellen, weil ich schlicht nicht zu Hause war.

Meine Frau Claudia hat sich irgendwann bewusst entschieden, aus dem Beruf auszusteigen, um sich ganz den Kindern und der Familie widmen zu können. Das ist ihr nicht leichtgefallen. Als wir uns kennenlernten, war ich Fitnesstrainer, und irgendwie lag es auf der Hand, dass Claudia unsere Familie mit ihrer exzellenten Ausbildung und ihren herausragenden Fähigkeiten als Ärztin wirtschaftlich versorgt und Karriere macht, während ich mich um die Familie kümmere. Dann aber stieg ich ins elterliche Unternehmen ein. Die Unzufriedenheit wuchs, als wir gemerkt haben, was alles auf der Strecke bleibt, wenn wir beide im Beruf aufgehen und dadurch zu wenig Zeit für die Kinder blieb.

Als ich in den ersten Jahren nach dem Tod meines Vaters im Unternehmen voll gefordert war, hat Claudia mir mit ihrer Entscheidung eine große Last von den Schultern genommen und gleichzeitig der Entwicklung unserer Kinder Flügel verliehen.

CLAUDIA // Am Anfang fand zwischen Bodo und mir ein regelrechtes Kräftemessen statt, wer als Erstes klein beigibt, zu Hause bleibt und dafür auf seine Karriere verzichtet. Obwohl wir von meinen Eltern sehr stark unterstützt wurden, war unser Familienleben ein Dauerkompromiss. Wenn ich bei den Kindern war, war ich in Gedanken in der Klinik – und umgekehrt. Dabei hatte ich das

Gefühl: Ich mache nichts richtig, weder zu Hause noch im Job. Bevor die Kinder auf der Welt waren, hätte ich Stein und Bein geschworen, dass wir die Generation sind, bei der es anders läuft. Dass wir einen Modus finden, in dem sich Familie und berufliche Ambitionen gut miteinander vereinbaren lassen. Tatsächlich haben wir anfangs gedacht:»Wenn die Kinder im Hort sind und wir jemanden haben, der sie betreut, dann sind sie gut versorgt.« Aber das ist ein Irrtum. Kinder brauchen ihre Mutter und ihren Vater. Echte Bezugspersonen. Es ist eben nicht egal, wer den Kleinen das Essen kocht oder mit ihnen auf den Spielplatz geht. Als er neun Jahre alt war, fragte mich Julius ganz unvermittelt, wie viel ich im Monat verdiene und was ich mit dem Geld mache. Ich erklärte ihm, dass wir von dem Geld unter anderem die Putzfrau und sein Kindermädchen bezahlen. Julius war irritiert:»Du verdienst Geld, um davon andere Menschen zu bezahlen, die auf uns aufpassen? Das verstehe ich nicht!«

Da war mir klar: Ich will keine Kompromisse mehr eingehen. Wenn die Kinder nach Hause kommen, will ich da sein. Und es soll ein Mittagessen geben, das ich für sie gekocht habe.

Dass ich vor meinem Entschluss, zu Hause zu bleiben, immer Nein sagen musste, wenn meine Kinder fragten, ob wir dieses oder jenes miteinander unternehmen können, hat mich total traurig gemacht. Eines Tages fiel die Entscheidung: Ich habe gekündigt. Und als mich meine Kinder gleich am ersten Tag, als ich zu Hause war, fragten:»Können wir heute zusammen eine Laterne für den Sankt-Martins-Umzug basteln?«, habe ich voller Freude gesagt: »Na klar.« Bis spät in den Abend saßen wir in der Küche, haben zusammen Transparentpapier ausgeschnitten und aufgeklebt – das hat die Kinder so glücklich gemacht, darüber reden sie heute noch.

Du bist ja wie dein Vater!

Claudia sagt mir von Zeit zu Zeit:»Bodo, du bist ja wie dein Vater. Ich habe das Gefühl, ihr seid beide mit der Vorstellung aufgewachsen, dass eine Familie vor allem wirtschaftlich versorgt werden muss.«Das ärgert mich dann ... vor allem weil ich weiß, dass sie zumindest in meinem Fall recht hat.

Der Blick von außen hilft. Auch mein Vater war viel unterwegs und im Familienalltag weniger präsent. Er saß durchaus mit uns am Mittags- und Abendbrottisch – aber es ging in den Gesprächen in der Regel ums Geschäft und ich hatte nicht das Gefühl, dass er gedanklich wirklich anwesend war. Wenn ich zu Hause weiter um die beruflichen Themen kreise, dann bin ich nicht bei der Familie. Es ist so, als wäre ich nicht da. Ich selbst habe das bei mir im Umgang mit unseren Kindern auch schon wahrgenommen. Es gab Momente, dass musste ich von Ihnen dreimal angesprochen werden, bevor ich überhaupt reagierte.

Dass Kinder sich abwenden, wenn sie die Erfahrung machen, dass der Vater kaum greifbar ist und ihnen nur mit halbem Ohr zuhört, ist nachvollziehbar. Denn es fehlt etwas Entscheidendes, wenn wir nur anwesend sind, ohne wirklich da zu sein. Erst und vor allem dann, wenn Väter auch den Alltag mit ihren Kindern teilen, entsteht die Nähe, nach der sie sich sehnen.

Was glaubst du, wie dich deine Kinder oder deine Partnerin/ dein Partner täglich erleben? Wie würde ein Aufsatz aussehen, in dem sie beschreiben, wie sie dich im Umgang mit der Familie erleben? Wie würden sie ihre Beziehung zu dir beschreiben?

Sich seiner eigenen Wahrheit zu stellen, ist schwer. Noch als Teenager nimmt man sich vor:»Ich werde auf keinen Fall so wie mein Vater.« Und dann kommt es trotzdem so.

Wenn wir beobachten, was ist, werden wir oftmals feststellen, dass einiges im Argen liegt. Dass wir den eigenen Ansprüchen nicht genügen und andere Menschen durch unsere Art zu handeln enttäuschen oder verletzen. Sich dieser Wahrheit zu stellen, schließt auch ein, dass wir uns unserer eigenen Kindheitsverletzungen bewusst werden müssen. Es gilt zu versuchen, sich damit auszusöhnen.

Ich habe über all das viel nachgedacht und festgestellt, dass sich ab dem Moment, wo ich ehrlich zu mir war, die Beziehung zu meinen Kindern anders gestaltet hat als zuvor. Als Julius geboren wurde, verunglückte kurze Zeit später mein Vater. Das Unternehmen brauchte mich, ich war beruflich extrem gefordert und nicht viel zu Hause. Die ersten Lebensjahre meines Sohnes habe ich deshalb in weiten Teilen leider verpasst. Kam ich abends spät nach Hause, schlief er schon. Morgens musste ich früh schon wieder aus dem Haus. Und auch an den Wochenenden habe ich gearbeitet. Die ganze Situation, die herausfordernde Lage des Unternehmens und manches mehr forderte in dieser Lebensphase alle meine Kräfte. Aber es lag nicht nur an den äußeren Umständen. Es lag auch an meiner Entscheidung, die Prioritäten genau so zu setzen.

Wenn ich ehrlich bin, dann habe ich meinen Beitrag für die Familie lange Zeit vor allem darin gesehen, für das wirtschaftliche Auskommen und ein sicheres Umfeld zu sorgen: ein schönes Haus mit reichlich Platz für alle. Das Schaffen von vielerlei Möglichkeiten, damit sich jeder entfalten kann. Stets genügend zu essen und zu trinken im Haus. Schöne Urlaube an Orten, an denen sich alle wohlfühlen.

Ich habe wirklich gedacht, dass es völlig ausreichend ist, wenn ich für das Materielle, für wirtschaftliche Stabilität sorge. So hatte ich es zu Hause bei meinen Eltern erfahren. Ich habe unbewusst das wiederholt, was sie mir vorgelebt haben. Das Erbe der Kriegsenkel.

Je mehr ich mich mit meiner Kindheit beschäftige – wenn ich an meinen Vater und meine Mutter denke –, erkenne ich viele ihrer Verhaltensweisen bei mir selbst wieder.

Ob du einen guten Vater hattest oder nicht, weißt du erst, wenn du selbst Kinder hast. Zugleich glaube ich, dass wir nicht ausschließlich unserer Vergangenheit die Verantwortung für das geben dürfen, was wir heute tun oder lassen.

Durch die Erfahrungen, die ich im Laufe der Zeit gemacht habe, hat sich mein Rollenverständnis gewandelt und mein Horizont geweitet. Ich habe eine andere Sicht auf die Dinge bekommen und in den letzten Jahren gemerkt, dass die Sicherheit, so wie ich sie definiert hatte, für meine Kinder gar nicht so relevant ist. Oder mehr noch: Eigentlich ist sie völlig bedeutungslos. Wer keinen Mangel an etwas verspürt, verliert das Gefühl dafür, wie wichtig es ist. Vermutlich wäre dies anders, wenn wir stets zu wenig zu essen und trinken hätten, wenn Nahrungsmittel und Wasser knapp wären, wie in vielen anderen Ländern dieser Erde. Oder wenn das Dach über dem Kopf löchrig wäre. Aber so – aus einer Position des »Wir haben von allem genug« – ist es für die Kinder viel entscheidender, dass ich als Person präsent bin. Dass ich meine Zeit so häufig und intensiv wie möglich mit der Familie teile und dann auch ganz da bin. Nicht nur körperlich, sondern mit meiner vollen Aufmerksamkeit.

Unsere Erfahrung im Umgang mit anderen Menschen – zunächst sind das maßgeblich unsere Eltern und Geschwister – prägt unsere Verhaltensmuster. Diese Erfahrung manifestiert sich in unserem Unterbewusstsein. Darauf greifen wir unbewusst bei 95 Prozent unserer Verhaltensweisen zurück.

Innere Bilder entstehen durch Erfahrung, im besten Falle durch positive Erlebnisse, die uns stärken:»Mein Papa ist da, er ist bei mir, er hat Zeit für mich. Er hört mir zu, er versteht mich. Ich kann ihn jederzeit alles fragen ...« Ja, das wäre schön. Aber es ist leider häufig anders. Und oft merken wir viel zu spät, was schiefläuft. Viele Väter verspüren irgendwann einen Schmerz über das, was sie versäumt haben.

CLAUDIA // Als unser Sohn vor der Einschulung stand, war die Firma gerade auf Erfolgskurs, und Bodo wurde im Unternehmen gebraucht. Dann kam er in eine persönliche Krise, als er nach einer Mitarbeiterbefragung erfuhr, was für ein schlechtes Bild die Mitarbeiter von ihm hatten; sie der Meinung waren, dass es für das Unternehmen besser wäre, wenn sie einen anderen Chef hätten. Bodo verbrachte daraufhin viel Zeit im Kloster, um Klarheit für sich und seine Rolle in der Firma zu gewinnen. In dieser Zeit wurde unser drittes Kind geboren. Wir lebten als Familie in zwei Parallelwelten: der häuslichen und der unternehmerischen. In dieser Zeit habe ich häufig gedacht: Ich bin eigentlich alleinerziehend.

Wahrnehmen, was wichtig ist

Vater sein – das lernt man vom eigenen Vater oder von den Vätern der Freunde. Da habe ich schon als Kind manches beobachtet, was mich beeindruckt oder abgeschreckt hat. Einiges, was ich in anderen Familien beobachtet und erlebt habe, war total schön. Wie liebevoll manche Väter mit ihren Kindern umgegangen sind. Dass sie stets ein offenes Ohr für deren Anliegen hatten. Wie geduldig sie zugehört haben. Und wie ausgelassen und intensiv sie mit ihren Söhnen und Töchtern gespielt haben. Mit der Einführung des Elterngeldes ermöglicht der Staat, dass ein Vater einige Wochen oder Monate zu Hause bleiben kann, wenn ein Kind geboren wird. Doch die wenigsten Männer nehmen diese Möglichkeit in Anspruch. Liegt das vielleicht an der Unsicherheit, wie wir die Aufgabe als Vater richtig ausfüllen können? Daran, dass wir es einfach von unseren Vätern nicht gelernt haben? Oder daran, dass wir doch berufliche Nachteile befürchten, wenn wir die Möglichkeit der Elternzeit in Anspruch nehmen?

Viele Väter sind sich der Bedeutung ihrer Aufgabe nicht mehr in vollem Umfang bewusst. Teilweise wissen sie auch nicht genau, was sie erwartet, welche Anforderungen die Vaterrolle an sie stellt. Und das hat Gründe: Die klassischen Rollenbilder verschwimmen, weil die gesellschaftlichen Entwicklungen der letzten Jahrzehnte auch zu einer großen Veränderung des Männer- und des Vaterbildes geführt haben. Väter sollen auch in den Bereichen kompetent sein, die in vorhergehenden Generationen überwiegend Müttern vorbehalten waren. Das verunsichert viele. Gleichzeitig stiegen für die meisten die beruflichen Anforderungen. Die Jobs, die man zwischen 9 und 17 Uhr erledigen kann, sind selten geworden. Flexibilität wird gefordert. Was schnell dazu führt, dass wir die eigenen Bedürfnisse hintanstellen, wenn der Arbeitgeber andere Vorstellungen in Sachen Zeiteinteilung hat.

Viele leiden unter diesem Zwiespalt zwischen Wunsch und Realität. Und fragen sich, wie ihre Rolle mit Blick auf die Familie idealerweise aussehen könnte. Weg vom reinen Versorger zu einem Mann, der auch seinen Anteil für »Kind und Kegel« übernimmt, der für seine Kinder ein offenes Ohr hat, mit ihnen Hausaufgaben macht, sie zum Sportverein begleitet, sie zum Musikunterricht bringt und ihnen auch zeigt, wie man etwas Kreatives aus ganz wenigen Dingen, die man in der Natur findet, bauen kann? Die Bandbreite der Möglichkeiten ist riesig. Doch wie ist das rechte Maß, das gute Verhältnis, das alles und alle miteinander in Einklang bringt?

Mir ist durchaus bewusst, dass es oftmals wirtschaftliche Gründe hat, wenn beide Eltern arbeiten gehen und ihre Kinder zur »Nebensache« werden. Ein Gehalt reicht häufig nicht aus, um die Wohnung zu finanzieren, die Kosten für Lebensmittel und notwendige Anschaffungen zu decken und ein Auto zu unterhalten, das es braucht, um zur Arbeit, zum Einkaufen oder in den Urlaub zu kommen. Jede fünfte Familie in Deutschland ist statistisch betrachtet von Armut bedroht. Das ist bitter. Aber wie häufig liegt die Ursache für die Doppelbelastung der Eltern darin begründet, dass sie versuchen, mit dem zweiten Gehalt und dem zusätzlichen beruflichen Engagement ihr mangelndes Selbstwertgefühl aufzubessern? Wie oft geht es vor allem um Selbstverwirklichung? Für den einen besteht diese in der beruflichen Karriere. Andere glauben, ein großer Flatscreen-Fernseher, das exotische Urlaubsziel oder für jeden Tag der Woche ein schickes Outfit wären ein Muss. Aber vielleicht ist das Karrierestreben auch nur der Versuch, bestehende Selbstzweifel zu beseitigen oder zu übertünchen.

Häufig sind dies auch Auswüchse der Leistungsgesellschaft. Ein Engagement für die Familie stößt leider immer noch kaum auf Wertschätzung. Als Arbeit gilt nur das, was auch bezahlt wird. Alles andere ist Hobby, Freizeit – dazu zählt in den Augen vieler immer noch das Engagement für die Familie. Und wenn wir aufgrund dieser fehlenden Wertschätzung immer neuen Wünschen hinterherjagen, passiert es schnell, dass ein Einkommen nicht reicht, um den Lebensstil zu finanzieren, von dem man hofft, dass man damit Wertschätzung und Anerkennung erfährt. Leider ist es immer noch so, dass Erfolg häufig am Besitz gemessen wird. Und deshalb sind die Tage voller Anforderungen. Wir arbeiten bis zur Erschöpfung. Alles ist durchgetaktet, alles funktioniert – nur glücklich werden wir nicht.

Eine gute Balance zwischen den beruflichen Erfordernissen, den Bedürfnissen der Kinder und den eigenen Vorstellungen von einem sinnvollen Dasein zu finden – das gehört zur Lebenskunst. Eines steht fest: Wenn ich mein Leben vor allem von äußeren Faktoren abhängig mache und es vordringlich um mein Ego geht, dann bleiben die Jüngsten unserer Gesellschaft auf der Strecke – die nachfolgenden Generationen. Karriere, Verdienst und beruflicher Erfolg können nicht wiedergutmachen, was den Kindern angetan wird oder fehlt, wenn uns egoistische Motive voneinander entfremden.

Für mich ist mein Umkehren am Kilimandscharo zu einem starken Sinnbild für das Gleichgewicht zwischen Familie und Karriere geworden. Diese extreme Erfahrung hat mir im Nachhinein den Blick dafür eröffnet, meine Egozentrik, mein zum Teil maßloses Streben im Berufsleben noch einmal zu überdenken und mir die Frage zu stellen: Um welchen Preis willst du denn dich und das Unternehmen voranbringen? Um den Preis einer zurückgelassenen Familie, eines Zuhauses, wo Menschen auf dich warten. Geliebte Menschen, die dich brauchen, die sich nach dir sehnen? Meine Entscheidung, so kurz vor dem Gipfel nicht weiterzugehen, weil ich Angst hatte, meine Familie nicht mehr wiederzusehen, hat dazu geführt, dass ich heute ein besseres Gleichgewicht zwischen meinem beruflichen und familiären Anliegen gefunden habe. Und immer dann, wenn ich das rechte Maß wieder einmal aus den Augen verloren habe, kehre ich im Geiste zurück auf den Berg, in genau die Situation, in der ich eine der wichtigsten Entscheidungen meines Lebens getroffen habe. Eine Entscheidung für die Familie!

Das Gute weitergeben

Die Geborgenheit, die sie selbst in ihrem Elternhaus und ihrer gesamten Familie erlebt hat, gibt meine Frau an unsere Kinder weiter. Ich bewundere die Klarheit und Konsequenz, die sie dabei an den Tag legt. Und die Entschiedenheit, mit der sie ihre Ideale lebt, wenn es um die Familie geht. Claudia hat sich ganz darauf eingestellt, für uns als Familie, und ganz besonders für unsere drei Kinder, da zu sein. »Ich möchte den Kindern Ja antworten können statt Nein, wenn sie etwas mit mir unternehmen wollen« – das hat Claudia tief in ihrem Herzen gespürt. Deshalb hat sie für sich die Konsequenz gezogen und Nein zur Karriere gesagt, zumindest so lange, bis die Kinder alt genug sind und sie nicht mehr so stark brauchen. Häufig denke ich, dass Claudia mir mit Blick auf die Persönlichkeitsentwicklung meilenweit voraus ist. Denn sie hat es tatsächlich geschafft, über den Schatten ihres Egos zu springen, während ich manchmal immer noch darüber stolpere …

Claudia und ich schaffen es immer besser, wichtige Lebensaufgaben aufzuteilen. Uns ist bewusst, dass jeder Beitrag, den der Einzelne leistet, wichtig ist. Und wir sind sehr weit davon entfernt, uns für das antiquierte Rollenbild zwischen Mann und Frau auszusprechen. Worauf es uns ankommt, ist, dass es eine klare Aufgabenteilung gibt, völlig unabhängig davon, welches Geschlecht welchen Part übernimmt. Hier ist alles möglich. Was wir erkannt haben, ist, dass auf Dauer die Ehe, die Gesundheit und ganz besonders die Kinder auf der Strecke bleiben, wenn wir zu viel wollen und unsere Egos im Vordergrund stehen. Familie und Karriere beider Eltern gleichzeitig – das geht nicht gut zusammen. Vielleicht ist in diesem Kontext auch die Frage erlaubt, ob der Versuch vieler Paare, dennoch beides unter einen Hut bringen zu wollen, seinen Teil dazu beiträgt, dass Depressionen, die wir heute Burn-out nennen, und die Anzahl der Scheidungen in den letzten Jahrzehnten so deutlich zugenommen haben. Und vielleicht ist das auch der Grund dafür, weshalb viele Erwachsene meinen, dass die Jugend von heute zu nichts zu gebrauchen ist und immer nur fordert.

Dass Claudia mir den Freiraum gibt, mich auf anderen Ebenen zu engagieren, weiß ich sehr zu schätzen. Ich bin ihr zutiefst dankbar dafür, wie sie sich für unsere Familie und die Kinder einsetzt. Denn nur dadurch konnte und kann ich, besonders nach dem plötzlichen Tod meines Vaters, Verantwortung für die Entwicklung unseres Unternehmens übernehmen.

Müttern Ratschläge zu geben, wie sie ihre Kinder besser auf dem Weg ins Leben begleiten können, das würde ich mir nicht anmaßen. Aber als Mann ist es mir wichtig, anderen Vätern weiterzugeben, was ich für mich als wichtige Lebensaufgabe erkannt habe. Meine Kinder dabei zu unterstützen, für sich selbst ein gutes Bild zu entwickeln, wie das Leben, das sie führen wollen, aussehen kann – das ist für mich der Kern einer gelingenden Erziehung. Ein Bild, das sie aus der Abhängigkeit von den Eltern herausführt, hinein in ein eigenverantwortliches Leben – eines, das ihrer Persönlichkeit entspricht.

Mut machen, besonders junge Menschen zu etwas inspirieren und ihnen Vertrauen schenken – vor allem auch Vertrauen in sich selbst –, das kann jeder lernen, und es kostet uns nichts. Als Vater bin ich dafür verantwortlich, meine Kinder zu ermutigen, ihnen zu zeigen, wie sie Hindernisse überwinden können. Sie darin zu unterstützen, für ihr Leben etwas zu finden, was ihnen sinnvoll erscheint. Einfach, damit sie sich bewusst werden, wofür sich jede Anstrengung lohnt.

Sich Fehler eingestehen

Jahrelang habe ich damit gehadert, dass ich viele Chancen verpasst habe und den Bedürfnissen unserer Kinder und meinen eigenen Ansprüchen nicht gerecht geworden bin. Und ja, Männer haben ein großes Problem: Sie tun sich schwer damit, ihrem Kind zu sagen:»Du hast recht, das habe ich falsch gemacht«, oder auch einfach:»Ich liebe dich!«

Ich habe den Eindruck, das können Frauen besser.

Welcher Vater wünscht sich nicht, dass ihm seine Kinder emotional nahe sind? Und wer kennt nicht das Gefühl, den Anforderungen wieder einmal nicht genügt zu haben?

Ich sehe meine Unvollkommenheit. Dreizehn Jahre nach der Geburt unseres ersten Kindes habe ich manchmal das Gefühl, dass ich noch am Anfang einer Entwicklung stehe. Es bleibt ein permanentes Ringen, in der Begegnung mit meinen Kindern zu wachsen.

Und doch merke ich immer mehr: Es lohnt sich! Besonders deutlich wird mir das in jenen wunderbaren Momenten, in denen ich mir wünsche, die Zeit anhalten zu können. So wie an diesem Tag: Wir waren als Familie im Urlaub. Ich hatte mich morgens für eine Weile ins obere Stockwerk der Holzhütte, in der wir die Ferien verbrachten, zurückgezogen, um zu meditieren. Da sah ich vor meinem inneren Auge ein Bild: meinen Sohn, wie ich ihm zu seinem 18. Geburtstag einen Brief überreiche, in dem all das steht, was ich an ihm liebe. Alles. Und auch das, was ich zu tun oder zu sagen verpasst habe. Ich habe die ganze Szene bis ins Detail gesehen, das Gesicht meines Sohnes, als ich ihm den Umschlag überreiche, und jede Zeile des Briefes.

Als ich mit dem Meditieren fertig war, stieg ich die Treppe herunter.

Mein Sohn lag auf dem Sofa , sah mich an und sagte: »Papa, komm zu mir. Woll'n wir kuscheln?« Das war einer dieser ganz besonderen Momente.

Alles verschwimmt vor unseren Augen, und wir müssen die Zähne zusammenbeißen, um weiterzugehen. Konturen verlieren sich, und man hat das Gefühl, sich in einem völlig leeren, unendlich weiten Raum zu verlieren. Himmel und Erde gehen anscheinend nahtlos ineinander über, es gibt keinen Horizont. Im sogenannten White-out zu laufen, ist nicht nur mit Blick auf die Orientierung eine Herausforderung. Bei schneebedecktem Boden und einem durch Nebel, Schneefall oder Bewölkung gedämpften Sonnenlicht kommt es zu einer diffusen, gleichmäßigen und kontrastarmen Helligkeit. Immer wieder wird darüber berichtet, dass Menschen sich im White-out verirren oder ihren Gleichgewichtssinn verlieren. Die psychische Belastung ist extrem hoch.

Der Schnee ist pappig, die Fortbewegung mehr als mühsam. Dazu kommt die Anspannung. Eine ungute Vorahnung, dass vielleicht plötzlich, wie aus dem Nichts, eine Bedrohung auftauchen könnte. Auf einem Schneefeld haben wir vorhin frische Bärenspuren entdeckt.

Und überall können Gletscherspalten lauern. Wir gehen angeseilt in einer Reihe, es gilt, das Tempo zu halten und in der Spur des Vordermannes zu bleiben. Auch wenn jemand auf Toilette muss, kann er nicht ausscheren und muss in der Seilschaft das Unvermeidliche tun. Schaufel raus, Loch graben, im Schnee in die Hocke gehen …

Keiner konnte sich das, was uns hier erwartet, vorher wirklich ausmalen. Immer wieder gilt es, sich zu überwinden. Erst am Abend, wenn wir den Lagerplatz erreichen, kann jeder in einem sehr begrenzten Radius seiner Wege gehen. Aber wir dürfen uns, wegen der Eisbären, auch jetzt nicht weit von den Zelten entfernen. Endlich am heutigen Lagerplatz angekommen, bricht mir aus Unachtsamkeit beim Zeltaufbau eine Stange. Deshalb muss meine Zeltmannschaft eine Stunde lang im Schnee ausharren, bis die zerbrochene Stange mit einer Steckhülse repariert werden kann. Das hat gerade noch gefehlt! Mich beeindruckt, wie Sebastian die Gelegenheit nutzt und alle zusammenholt, um zu zeigen, wie man sich in einer derartigen Situation helfen kann.

Sich wärmen

Der Benzinkocher verbreitet eine wohlige Wärme. Wir haben die feingliedrigen Metallgestelle auf stabilen Holzplatten montiert, damit sie nicht kippen können. Das Wasser im Topf fängt gleich an zu kochen, das hört man am leisen Klappern des Deckels. Bald wird es etwas zu essen geben, dazu eine heiße Tasse Tee oder Kakao.

Neben den Zelten haben wir mit der Schneeschaufel einen breiten Graben gezogen, an dessen Rand wir auf einer Isomatte sitzen. Die Beine im Graben, den Rücken an eine Wand aus festgestampftem Schnee gelehnt, wärmen wir uns die Hände, indem wir sie in den Dampf halten, der vom Kocher aufsteigt.

Als Verpflegung haben wir gefriergetrocknete Mahlzeiten dabei, die auch das norwegische Militär einsetzt. Die Zubereitung ist mehr als einfach: Man öffnet den Beutel am oberen Rand und gießt heißes Wasser hinein. Nach wenigen Minuten ist der Inhalt aufgequollen und essfertig. Jeder konnte sich beim Packen die von ihm favorisierten Gerichte aussuchen: *Pasta Bolognese*, *Kylling i karry (Chicken Curry)* oder *Chilli Stew with Beans* steht auf den orange-schwarzen Beuteln. Aber es klingt besser, als es schmeckt, finde ich. Mein Geschmack ist es jedenfalls nicht, und ich esse nach einem ersten Test auf der Tour lieber Yum-Yum-Instant-Tütensuppen, Marzipan, Nüsse, Trockenfrüchte, Chips und Schokolade – jede Menge kalorienhaltiges Zeug. Alle aus unserer Gruppe haben sich davon vor dem Aufbruch in Longyearbyen Tagesrationen gepackt. Es galt, sein Essen vorab zu rationieren. Mir war das zu kompliziert, und ich habe alles in einen Beutel gefüllt. Das rächt sich jetzt. Denn im Laufe der Tour ist der Inhalt zu Brei geworden. Appetitlich ist es nicht mehr. Und es schmeckt in der klumpigen Kombination recht seltsam. Aber es macht immerhin satt. Darauf kommt es an, denn wir verbrauchen hier auf der Tour, allein durch die Kälte und das anstrengende Laufen im Schnee und das Ziehen der schweren Schlitten, jede Menge Energie.

Satt sein

Nach dem Essen stehe ich neben dem Zelt und lasse meinen Blick schweifen – ringsum das endlose Weiß der arktischen Landschaft. Und während ich für mich alleine dort stehe, denke ich an das Leben zu Hause. Wie selbstverständlich dort jeden Abend etwas auf dem Tisch steht. Und auch daran, dass wir trotzdem oftmals nicht zufrieden sind.

Obwohl wir genug zu essen und zu trinken haben, trotz all dem Überfluss sind wir in der westlichen Welt irgendwie nie richtig »satt«. Denn egal, wie viel wir besitzen, es geht immer um mehr. Es könnte besser sein. Es könnte reichlicher sein. Es könnte schneller gehen.

Solange wir nicht mit dem zufrieden sind, was ist, werden wir keine Ruhe finden. Und wer versucht, sein Glück durch Äußerlichkeiten zu erlangen, wird auf Dauer enttäuscht werden.

Ein endloses wirtschaftliches Wachstum ist überhaupt nicht möglich. Dennoch scheint es vor allem darum zu gehen: um ein Weiterkommen, um das Vorankommen im Leben. Das ist das, was die Griechen vor Hunderten von Jahren als *Chronos* beschrieben haben. Ein Hinterherjagen nach Dingen, die wir eigentlich kaum erreichen können. Und das Gefühl, dass uns die dabei schnell verrinnende Zeit innerlich frisst. *Kairos* hingegen, das ist die richtige Stunde für etwas, der Moment, der uns geschenkt wird. In dem wir merken, was wirklich zählt.

Die Komplexität der Lebensbedingungen wird immer größer und immer unerschöpflicher – aber wir als Menschen entwickeln uns nicht entsprechend weiter. Wir versuchen immer noch, alles mitzunehmen, was geht. Wir bekommen den Hals nicht voll. »Da geht noch was …« ist ein lapidar dahingesagter Spruch. Aber die inneren Antreiber gaukeln uns das immer wieder vor. Da, in Nachbars Garten, da wächst das Gras grüner als hier auf deinem Land …

In der Midas-Legende träumt der König davon, dass alles, was er berührt, zu Gold wird. Das ist sein größter Wunsch. Dann wäre er reich. Und der Traum geht tatsächlich in Erfüllung. Bricht König Midas einen Zweig vom Baum, wird er zu Gold, hebt er einen Stein vom Boden auf, funkelt dieser sogleich goldglänzend im Sonnenlicht. Der König ist überglücklich. Doch dann kommt das böse Erwachen: Hungrig und durstig setzt sich Midas an den gedeckten Tisch. Doch kaum berührt er das Brot, wird es zu Gold. Kaum nimmt er einen Schluck aus seinem Becher, hat er flüssiges Gold im Mund. Er droht elendig zugrunde zu gehen.

Einmal im Leben wirklich satt sein – das ist es, wonach wir uns alle sehnen. Satt nicht an Nahrungsmitteln, sondern im

Geiste – weil wir das eigene Dasein als Fülle erfahren und so Erfüllung und inneren Frieden finden. Weil wir um die Menschen wissen, die uns lieben und die wir lieben dürfen. Uns an all das Gute erinnern, das wir erleben. Oftmals spüre ich diesen inneren Frieden und ein großes Glück, das mit Händen zu greifen ist. Zeiten, in denen ich erfahre: Leben ist ein Geschenk.

Aber dann gibt es auch Lebensphasen, in denen ich das Gefühl habe, ein Getriebener zu sein, weil ich merke, dass das, was ich mir vorgenommen habe, kaum zu bewältigen ist. Ich habe viel zu viele Bälle gleichzeitig in der Luft – und einer nach dem anderen geht zu Boden. Neulich war es wieder einmal so weit, und ich dachte, dass alles über mir zusammenbricht. Und eine Woche später sah die Situation ganz anders aus. Eine Entscheidung hatte die Wende gebracht. Ein vergleichsweise winziger Mosaikstein, der war's. Darum zu wissen, dass es nach schwierigen Phasen weitergehen wird, schenkt Gelassenheit. Es hilft, in der Gegenwart zu bleiben. Zu wissen: Das braucht es momentan nicht. Aber auch: Jetzt ist genau der richtige Moment, etwas anzugehen.

Es bringt nichts, Illusionen zu füttern, die dich fertigmachen. Die nicht zu dir passen oder die deine Kräfte übersteigen. Vorbildern hinterherzurennen ist ein Teil der Entfremdung. Sich seiner selbst bewusst zu werden, ist viel wichtiger. Es geht nicht darum, etwas zu kopieren, sondern eine gute Interpretation für das zu finden, was mir begegnet. Meinen eigenen Weg zu suchen und dabei aus einer guten Quelle zu schöpfen. Und es ist so wichtig, sich immer wieder zu fragen: Bleibe ich, so, wie ich derzeit lebe, in meiner Kraft – oder verausgabe ich mich? Der heilige Benedikt spricht vom rechten Maß. Das ist die Mutter aller Tugenden.

Stimmen Kopf und Herz in den Dingen überein, die ich täglich tue, geht es mir gut. Wenn nicht, wird es anstrengend. Und wenn ich versuche, um jeden Preis Anerkennung zu bekommen, und dabei permanent über meine Grenzen hinausgehe, werde ich krank.

Fühle ich mich oft müde und ausgelaugt, vielleicht sogar von anderen ausgenutzt, dann weist dies darauf hin, dass es in meinem Leben irgendeine Verletzung gibt, die mich dazu verleitet, so zu handeln. Wenn die Ansprüche, die wir an uns selbst stellen, zu hoch sind, führen sie uns in eine Depression, in den Burn-out. In dem Moment, wo ich meine Grenzen erkenne und *das, was ist*, akzeptiere, wird manches einfacher. Wenn ich sage: »Ja, das reicht. Das ist gut so und ein Grund zur Dankbarkeit. Ich muss nicht mehr besitzen und mehr erreichen als das, was ist.«

Wie viel ist genug?

Wir sind mit wenig Gepäck unterwegs und haben nur das Nötigste dabei, was es braucht, um in der Wildnis zu überleben. Es gibt keine Toilette, kein warmes Wasser, keine Dusche und letztlich auch keine Sicherheit. Was wir versehentlich verlieren, ist nicht zu ersetzen. Und was fehlt, auf das müssen wir verzichten, egal, was dies für Konsequenzen hat. Dieses Bewusstsein macht dich achtsam. Die Natur mit allen Sinnen zu erfahren, zu begreifen und zu erspüren, das ist die beste Schule des Lebens. Und mit wenig auszukommen, das lehrt uns Genügsamkeit. Welche Bedeutung gewinnen ein trockener Schlafplatz, eine warme Jacke, ein Paar flauschige Socken oder ein Teller heißer Suppe, wenn man derart auf sich selbst zurückgeworfen ist? Und wie groß ist die Freude über ein kleines Stück Trockenobst, das wir als Nachtisch essen? Der schiere Luxus!

Der Verzicht auf vieles, was wir sonst als normal und selbstverständlich empfinden, lenkt den Blick auf das, was wirklich wichtig ist: Gemeinschaft. Wärme. Genug zu essen und zu trinken. Ein wenig Schutz in der Eiswüste. Wir empfinden das als absolutes Glück und verspüren eine tiefe Dankbarkeit, auch ohne irgendetwas von dem zu haben, von dem wir sonst glauben, dass es uns glücklich macht! Denn wir spüren dort draußen im Nichts das Leben, das pure Leben – und das tut einfach gut. Mensch, werde wesentlich! So hat es Angelus Silesius, ein deutscher Lyriker, Mystiker, Theologe und Arzt im 17. Jahrhundert formuliert.

Wenn du dich fragst, was in deinem Leben wirklich wichtig ist, dann beantworte dir zunächst die Frage: Wofür investierst du deine Zeit? Und dann stelle dich der Frage, ob dich das, wofür du deine Zeit einsetzt, auch wirklich erfüllt. Ob du auf diese Weise deiner Berufung folgst. Wenn du darauf eine Antwort gefunden hast, kannst du entscheiden und das Wesentliche vom Unwesentlichen trennen.

Eine Berufung zu spüren, schenkt einen neuen Blick auf das Leben. Sie gibt dir neue Kraft, auch schwierige Situationen zu bestehen.

25 | VERTRAUEN, DASS ES GUT WIRD

Schon seit zwölf Stunden sind wir unentwegt in dieser bizarren Landschaft unterwegs. Und wir sind uns zeitweise nicht sicher, ob wir es überhaupt bis auf den Gipfel schaffen können. In den letzten Tagen haben wir alles gegeben. Viele sind müde, mehr noch: erschöpft. Die Pulkas mit dem Gepäck haben wir vor einer guten Stunde zurückgelassen, um sie auf dem Rückweg wieder einzusammeln. Die Wolken hängen tief, wir können kaum etwas sehen. Und es kommt Sturm auf. Am Steilhang des Gipfelanstiegs greifen Böen nach uns, und manch einer fürchtet, 300 Meter in die Tiefe geweht zu werden.

Und dann kommt plötzlich der Moment, in dem die Nebelwand aufreißt und die gesamte Schönheit dieser einzigartigen Polarlandschaft zum Vorschein kommt. Auf den letzten Metern öffnet sich die Wolkendecke, der Wind lässt nach, und wir erreichen überglücklich und stolz – am fünften Tag unserer Tour und bei strahlend blauem Himmel – den Gipfel des Newtontoppen.

Der Blick in die Weite ist grandios – schneebedeckte Berggipfel, so weit das Auge reicht. Viele sind erleichtert, weil sie eben noch Todesangst hatten, so heftig war der Sturm.

Immer wieder mussten auf dem Weg hierher Abgründe überwunden werden. Es waren unvorstellbare Strapazen für die jungen Menschen, die zuvor noch nie auf Skiern gestanden hatten und sich nun Tagesetappen stellten, die weit über ihre Kräfte hinausgingen. Auch ich bin heilfroh, dass wir trotz aller Widrigkeiten heil oben angekommen sind.

Es ist kaum zu glauben: Wir haben hier – am Ende der Welt – Empfang. Einige Auszubildende rufen ihre Eltern an. Einer sagt: Das ist der schönste Moment meines Lebens!

Tränen fließen. Tränen der Erleichterung und Tränen der Freude.

Aufeinander achten

Wenn man an einem Seil in einer Reihe geht, ist Reden unmöglich. Dafür bietet diese Art der Fortbewegung umso mehr Gelegenheit, in der Stille den Gedanken zu begegnen, die wir in der Oberflächlichkeit und Verworrenheit des Alltags nicht zulassen. Das zu denken, was wir noch nie gedacht haben. In kurzer Zeit ist eine intensive Gemeinschaft entstanden. Alle haben aufeinander geachtet. Es wurde sich bedingungslos füreinander eingesetzt, auch in schwierigen Situationen. Da war ein tiefes Vertrauen in den anderen und das Vertrauen, dass es gut wird. Auch diejenigen, die früher oft durch eine gewisse Oberflächlichkeit, die sie an den Tag legten, auffielen, waren nun plötzlich bei der Sache. Das Wesen jedes Einzelnen und seine Stärken sind deutlich hervorgetreten. Bjarne, der eine Ausbildung als Koch macht, begann plötzlich zu philosophieren und mir über Stunden seine Sicht der Welt zu erläutern. Malte beherrschte einen so unglaublich emotionalen Sprachgesang, dass ihn alle immer wieder aufforderten, zu singen. Und inmitten der bizarren Eislandschaft begann das Eis zu schmelzen, das lange auf Jan-Lukas' Seele gelegen hatte. Seine anfängliche Verschlossenheit wich einer Neugier auf das Leben. Er fing an, sich für alles um ihn herum zu interessieren, fragte, wie es möglich ist, im Eis zu navigieren, übernahm Aufgaben für die Gruppe und stärkte damit nicht nur die anderen, sondern auch sich selbst. Im weiteren Verlauf der Reise wuchs er immer weiter über sich hinaus, bis er sogar bei einer der letzten Etappen die Führung der Gruppe übernahm. Unglaublich, wie er sich entwickelt hat. Mir ist noch einmal deutlich geworden, dass in jedem Menschen eine Sehnsucht steckt, seinem Wesen entsprechend das Leben zu gestalten.

Alle, wirklich alle haben sich auf die Situation und die täglichen Herausforderungen eingelassen und sind davon ausgegangen, dass wir es gemeinsam schaffen. Jede und jeder war wichtig. Und es wurde nichts infrage gestellt. Es ist immer die Einstellung, die wir an den Tag legen, die uns bremst oder die uns voranbringt. Das hatte ich schon auf der Tour auf den Kilimandscharo erfahren. Beide Touren – die *Tour des Lebens* auf den höchsten Berg Afrikas und die *Tour des Lebens* nach Spitzbergen – haben uns gezeigt, dass es tatsächlich zu einer Gewohnheit werden kann, sich zu überwinden und sich selbst zu vertrauen. Es geht nicht darum, sich das Unvorstellbare vorzustellen, sondern es auch zu tun.

Es ist nicht zu Ende, wenn man oben ist

Vier Tage dauert der Rückweg zur Adolf-Bay. Wir benutzen die Pulkas einmal für eine Fahrt ins Tal und haben viel Spaß. Aber es ist auch immer wieder kniffelig und riskant. Sebastian steckt plötzlich bis zur Hüfte in einer Gletscherspalte. Und wir kämpfen uns mühsam durch Schnee und Eis, bis wir zurück in der Bucht sind.

Zum vereinbarten Zeitpunkt, mittags um halb drei, erreichen wir den Fuß des Gletschers. Schon eine ganze Weile beobachteten wir, wie sich die weiß-rote *Polargirl* durch den Fjord nähert.

In der Bucht liegen momentan jede Menge Boote, sogar das Schiff der königlichen Familie Norwegens, wie wir später erfahren. Den Grund dafür hören unsere Guides über Funk: Gerade sind am Ufer, am Fuß des Gletschers, besonders viele Eisbären unterwegs! Nur wenige Hundert Meter von uns entfernt lagern anscheinend vier von ihnen. Eine Bärin mit ihren drei Babys. Jetzt wird es hektisch, alles geht sehr schnell. Die *Polargirl* lässt in Windeseile ein großes Beiboot zu Wasser, um uns alle auf einmal abzuholen. Wir beobachten, wie das Boot mit Vollgas durch die Wellen pflügt. Wenige Minuten später ist es bei uns. Der Steuermann springt von Bord und hilft uns, das Gepäck durchs Wasser zum Schiff zu tragen. Doch als das Schiff vollgepackt ist, alle an Bord sind und wir starten wollen, hat sich das Boot am Strand festgefahren. Alle müssen wieder runter und ins zwei Grad kalte Wasser springen, das uns teilweise bis zur Hüfte geht. Und dann schieben wir mit voller Kraft.

Endlich gibt es einen Ruck, und das Boot ist frei! Zum Glück lassen uns die Eisbären so lange in Ruhe. Wir nehmen Fahrt auf, bringen schnell eine größere Distanz zwischen uns und das Ufer und sind alle sehr erleichtert, als wir über die Bordwand auf die *Polargirl* klettern. Die gesamte Rückfahrt, mehr als sechs Stunden lang, sitzen wir mit nackten Füßen in Decken gehüllt unter Deck auf dem Boden, um nur nicht auszukühlen.

Das *Sich-Überwinden* zu einer guten Gewohnheit zu machen – das stand irgendwie über unserer Tour in die Arktis. Wir haben erfahren, was Teamwork in Extremsituationen bedeutet. So etwas gelingt nur, wenn alle grenzenloses Vertrauen in das gesamte Team haben. Und wir sind weit über uns hinausgewachsen. Wenn du deinen Karren an einen Stern bindest, einem leuchtenden Sinnbild folgst, dann kommst du weiter, als du vorher gedacht hast. Es sind solche Bilder, die uns getragen haben.

Am Ende unserer Tour resümierte Lars Christian Larssen, einer unserer Guides: »Diese verrückten Deutschen sind ein gutes Beispiel dafür, dass alles möglich ist, wenn man es nur will.«

JAN-LUKA // Ich hatte noch nie eine Trekkingtour gemacht. Am Anfang hatte ich keine Vorstellung, wie es werden würde. Ich bin vorher auch noch nie auf Skiern unterwegs gewesen. Mehr als einmal war ich total am Ende. Ich hätte mich einfach in den Schnee setzen und sagen können:»So, fertig.« Aber dann ging es irgendwie doch. Ich habe mich überwunden. Wieder und wieder. Es ist ein echtes Abenteuer, über eine Gletscherspalte zu gehen. Was passiert, wenn du abstürzt? Werden dich die anderen aus der Seilschaft halten, oder reißt du sie mit in die Tiefe? Das habe ich mich mehrmals gefragt, wenn es brenzlig war.

Zehn Tage haben wir dieselbe Wäsche getragen und konnten uns nur mit eiskaltem Wasser waschen. Das Zelten im Schnee und das Kochen bei extremer Kälte hat uns alle gefordert. Und die erste warme Dusche nach der Tour war einfach wunderbar.

Zu Hause brauchte ich den ganzen Luxus gar nicht mehr, von dem ich vorher nie gedacht hätte, dass ich darauf verzichten könnte. Früher wollte ich nur Markenklamotten tragen. Nach der Tour war mir egal, was ich angezogen habe. Hauptsache, es war praktisch. Und ich habe mir auch vorgenommen, zukünftig viel weniger mit dem Auto zu fahren. Mein Umweltbewusstsein ist angesichts der dramatischen Klimaveränderungen, die auf Spitzbergen richtig greifbar waren, anders geworden.

Auf der Tour habe ich manchmal gezweifelt, ob ich das alles wirklich packe. Aber ich habe mit den anderen nicht darüber geredet, sondern meine Gedanken für mich behalten. Ich kannte es nicht anders. Über Gefühle zu reden, das ging am Anfang gar nicht. Ich habe damals immer alles auf Abstand gehalten. Am Ziel habe ich dann aber doch starke Emotionen gezeigt – das war für mich ein ganz besonderer Moment. Die Erfahrung der Tour hat in mir etwas verändert. Jetzt spreche ich viel offener.

Als ich von der Tour zurück in den Betrieb kam, haben mir viele auf die Schulter geklopft und mir gratuliert:»Hey, toll, dass du das gepackt hast.« Das war ein schönes Gefühl. Überhaupt hat mir die Unterstützung der Kollegen vor der Tour und danach richtig gutgetan.

Ich habe unterwegs gelernt, im Team zu arbeiten. Vorher habe ich oft gedacht: Das machst du lieber alleine.

Nach meiner Bewerbung hatte ich überhaupt nicht damit gerechnet, dass ich mitkommen kann, dass ich tatsächlich genommen werde. Im Rückblick fühlt es sich so an, dass ich mich damals kleiner gemacht habe, als ich wirklich bin. Umso überraschter war ich, als ich dann die Bestätigung bekam, dass ich dabei sein darf.

Ich musste mich jeden Tag überwinden. Aufstehen, in der Kälte anziehen, loslaufen. Durchhalten. Dieses Gefühl, mich überwinden zu können, hat mir auch später geholfen.

Die Tour war für mich wie ein Tritt in den Hintern. Auch an einem ganz besonders heiklen Punkt: Als ich wieder zu Hause war, habe ich mich entschlossen, eine Therapie zu beginnen. Eines Abends stand für mich fest: Ich betäube mich nicht mehr länger mit Alkohol und stelle mich meiner Depression. Davor wäre ich nie auf die Idee gekommen, mir Hilfe zu suchen. Das war etwas für Schwächlinge. Und ich habe es auch für Quatsch gehalten, andere um Rat zu fragen. Meine Mutter hatte mich in der Vorbereitung der Tour unterstützt. Bei meinem Vater fehlte, so habe ich es gespürt, das Interesse. Ich hatte ihm davon erzählt, dass ich bei der Tour dabei sein darf. Er hat mir zwei Fragen gestellt und ist dann weitergegangen. Eine solche Reaktion war für mich nichts Neues. Aber enttäuscht war ich trotzdem.

Dass fast alles, was ich mache, scheinbar wertlos ist – das Gefühl, als Person nicht wichtig zu sein, habe ich schon oft empfunden.

Von klein auf kenne ich meine Eltern nur so, dass sie jeden Tag miteinander streiten. Sie haben eigentlich immer nur viel gearbeitet. Für mich blieb wenig Zeit. Und wenn ich etwas von ihnen wollte, wurde ich meist auf später vertröstet oder abgewiesen. Die Beziehung zu meinem Vater hat mir lange Zeit schwer zu schaffen gemacht. Ich habe mich nicht gut gefühlt, mich immer mehr zurückgezogen, viel zu viel Alkohol getrunken. Die Tour hat mir geholfen, mich meiner Krankheit zu stellen. Durch die Therapie konnte ich meine Depression überwinden. Dadurch hat sich dann auch das Verhältnis zu meinem Vater gebessert, weil ich ihm nicht mehr alles übel nehme, was war. Ich habe angefangen zu verstehen, woran es liegen könnte, dass er so handelt, wie er es tut. Und ich kann mir sehr gut vorstellen, dass er eigentlich gerne mehr Draht zu seinen Kindern hätte. Aber anscheinend kann er nicht über seinen Schatten springen, grenzt sich selbst aus.

Auch das Verhältnis zu meiner Mutter ist anders geworden. Mit ihr habe ich manches aufgearbeitet. Bei einer Familienaufstellung habe ich einen spannenden Punkt entdeckt. Mein Opa ist mit 16 Jahren in den Krieg gezogen. Und bei mir hat die Depression begonnen, als ich 16 war. Vielleicht gibt es da tatsächlich Zusammenhänge? Dass ich unbewusst auch das in mir trage, was meinen Opa schwer mitgenommen hat?

26 | WAS SCHLEPPEN WIR MIT?

Wenn ich eine Tour unternehme, bei der ich mein Gepäck selbst tragen muss, achte ich ganz besonders darauf, nur das Allernotwendigste mitzunehmen, weil es mit jedem zusätzlichen Pfund an Ausrüstung schwerer wird, über die Runden und ans Ziel der Reise zu kommen. Deshalb wiege ich jedes einzelne Teil, bevor ich es einpacke, zu Hause auf der Küchenwaage. Wenn es unterwegs ohnehin nur Eintopf und Müsli zu essen gibt, bleibt die Gabel daheim. Ebenso der flauschige Pullover, der viel Raum im Rucksack einnehmen würde und zudem ziemlich schwer ist. Ganz klar: Alles, was unterwegs nicht unbedingt benötigt wird, bleibt zu Hause. Denn es würde mich belasten.

Was tragen wir alles im Rucksack unseres Lebens umher, das uns nach unten zieht und verhindert, dass wir vorankommen? Das uns derart belastet, dass es uns die Freude am Unterwegssein nimmt und dafür sorgt, dass uns auf Dauer die Puste ausgeht?

Immer wieder merke ich, wie viele Menschen bewusst oder unbewusst Altlasten mit sich herumschleppen. Kränkungen, die Trauer über nicht gelöste Konflikte oder Schuldgefühle. Seelische Verletzungen, die verhindern, dass wir etwas Neues beginnen und unbeschwert durchs Leben gehen können.

Dabei zwingt uns niemand, all das mit uns herumzuschleppen. Häufig ist allerdings das Problem, dass wir etwas nicht loslassen wollen. Die Kränkungen etwa, die andere uns zugefügt haben. Doch es ist an uns: Wir können uns für oder gegen etwas entscheiden. Die Voraussetzung dafür ist die Bereitschaft, loszulassen. Und das wollen die wenigsten!

Was trägst du mit dir herum, das dich daran hindert, wirklich glücklich zu sein? Welche Altlasten schlummern noch in der Tiefe deiner Seele? Was in deinem Leben kannst du loslassen, um freier zu werden?

Oben und unten

Ich habe lange Zeit gedacht, dass es angebracht wäre, möglichst cool zu sein und keine Schwäche zu zeigen. Als junger Mann war ich extrem viel auf Partys unterwegs und habe mich nach Aufmerksamkeit gesehnt. Ich bin, so sehe ich es heute, lange auf der Flucht vor mir selbst gewesen, weil ich mich nicht mit mir und meinen Gefühlen beschäftigen wollte.

Mit Ende 20 war ich ein smarter Fitnesstrainer, Fotomodell, wohlhabender Unternehmersohn, Betriebswirt – und dann plötzlich selbst Chef von Hunderten von Menschen. Ich hatte Erfolg, ich sagte den Menschen in meinem Unternehmen, meinen »Untergebenen«, was sie zu tun und zu lassen hatten. Erfolg wurde belohnt, Versagen geahndet. Zahlen, Daten, Fakten, das war meine Welt. Irgendwann merkte ich, dass etwas nicht stimmt, und suchte Rat. Als ich das verheerende Ergebnis einer Mitarbeiterumfrage auf den Tisch bekam und lesen musste, dass viele meiner Mitarbeiterinnen und Mitarbeiter sich wünschten, einen anderen Chef zu haben, brach für mich eine Welt zusammen. Von einem auf den anderen Moment schrumpfte mein Ego auf die Größe einer Erbse. Es war vorher ziemlich aufgepumpt und ist dann direkt geplatzt. Wie eine Seifenblase.

Die Erkenntnis, dass ich nicht dem Bild entspreche, das ich mir selbst gemalt hatte, sondern jemand bin, den sich viele meiner Mitarbeiter am liebsten weit weg wünschen – das hat mir

197

ziemlich den Boden unter den Füßen weggezogen. Bei meiner Suche nach den Ursachen und dem Wunsch nach einem Neuanfang bin ich Dr. Friedrich Assländer, Pater Anselm Grün und seinen Mitbrüdern im Kloster Münsterschwarzach begegnet. Das Motiv, ins Kloster zu gehen, war klar: Ich wollte Tipps und Tricks lernen, wie ich Menschen dazu bewege, im Unternehmen zu bleiben und mir zu vertrauen. Mir sind ja die Mitarbeiter weggerannt. Aber es gab keine schnellen Patentrezepte. Und dann ist etwas ins Rollen gekommen, was mich an den Punkt geführt hat, an dem ich heute stehe.

Ich habe mit der Suche, was anders werden müsste, damit es gut wird, wirklich ganz unten angefangen. Auf dem Grund meiner Seele. Denn in der Begegnung mit Pater Anselm wurde mir deutlich: Nur wer sich selbst angenommen hat und gut mit sich umgeht, ist überhaupt in der Lage, andere zu führen. Es galt, zunächst eine Antwort auf die Frage nach dem »Wohin« zu finden. Auf die Frage, welchen Sinn mein Leben hat. Das hat Zeit gebraucht.

Im Kloster, und das war für mich eine neue Erfahrung, spielt es keine Rolle, welchen Besitz oder welchen sozialen Status jemand hat. Das ist völlig bedeutungslos! Der einzelne Mensch wird gesehen – ganz egal, woher oder mit welchen Begabungen oder Problemen er kommt. Und ich spürte zutiefst: Ich war an einem Ort, der mir ein Gefühl der Geborgenheit, der Sicherheit und der Zugehörigkeit schenkte. Ich war willkommen, so wie ich war. Auch mit all meinen Problemen und Fehlern.

Erschütterungen

Immer wieder geht es im Leben darum, jemanden zu finden, der es ehrlich gut mit mir meint. Ein solcher Mensch ist mir in Pater Anselm begegnet. Ich hatte das Gefühl, dass er mich so sieht, wie ich wirklich bin. Alles durfte sein. Pater Anselm hat mir Fragen gestellt, mir geduldig zugehört und wertvolle Impulse gegeben. Ich hatte das Gefühl, dass er ein ehrliches Interesse an meiner Entwicklung hatte. Pater Anselm und ich haben auch über gute Führung gesprochen. Aber vor allem über die Rollen, die ich in meinem Leben einnehme. Über meine Familie und die meiner Eltern, über mein Vatersein und das Gefühl, das ich habe, wenn ich nach einem anstrengenden Tag nach Hause komme.

Pater Anselm, das merkte ich bald, hat selbst ein extrem positives Vaterbild. Wenn er von seinem eigenen Vater spricht, leuchten seine Augen. Und irgendwann, Jahre später, fiel mir auf, dass unser Auszubildender Jan-Luka, den ich einmal mit ins Kloster genommen hatte, während eines Gesprächs von »Vater Anselm« sprach, der ihn nachhaltig beeindruckt hatte. Vielleicht war es auch einfach ein Hörfehler, weil Jan-Luka das Wort »Pater« nicht kannte. Aber viel mehr glaube ich, dass er es ebenfalls so empfunden hat: dass Anselm wie ein Vater für die Menschen ist, denen er begegnet. Anselm hat mich auf den richtigen Weg gebracht.

Zu Hause habe ich anschließend einige Tage gebraucht, bis ich über das Erlebte sprechen konnte. Und nach und nach wurde mir bewusst, dass ich für meine größte Lebenskrise dankbar sein durfte.

Ich bin erschüttert gewesen, weil mich das Urteil der anderen Menschen zutiefst verletzt hatte. Zunächst dachte ich: Das kann nicht sein. Ich habe doch so viel getan und mich um alles gekümmert! Aber weil so viele ähnlich über mein Verhalten urteilten, war klar, dass das Problem eindeutig bei mir lag. Das zu erkennen schmerzte. Mein Selbstbild lag in Scherben. Und beim Aufheben der Bruchstücke habe ich mich darin gespiegelt und selbst gesehen.

Ich war enttäuscht, wütend, zornig, traurig, entsetzt. Mithilfe von Pater Anselm und seinen Mitbrüdern habe ich gelernt, genauer hinzusehen, besser hinzuhören, in mich hineinzuspüren und mich meinen Gefühlen zu stellen. Und ich habe aufgehört, in solchen Gefühlen etwas Schlechtes zu sehen.

Wir sind nicht verantwortlich für unsere Emotionen, aber dafür, wie wir mit ihnen umgehen. Emotionen an sich sind weder gut noch schlecht, aber ein guter Hinweisgeber auf etwas, das sich in unserem Inneren abspielt. Es geht vor allem darum, sie zuzulassen und wahrzunehmen. Denn erst dann kann ich lernen, mit meinen Emotionen gut umzugehen.

Wenn ich mir darüber bewusst werde, dass mich nicht das Verhalten meines Gegenübers verletzt, sondern etwas, was mich schon viel länger schmerzt, gibt mir dies die Chance, mich um das eigentliche Problem zu kümmern und so auf Dauer inneren Frieden zu finden. Die Wahrnehmung der Emotionen bringt mich auf die richtige Spur.

Auch empfundene Enttäuschung ist etwas, für das wir dankbar sein können. Denn sie schafft Klarheit. Da habe ich etwas bislang nicht erkannt – mich getäuscht. Und nun, da etwas offenbar geworden ist, sehe ich plötzlich, wie es wirklich ist. Eben noch dachte ich, ich werde der absolute Management-Überflieger. Auch der wirtschaftliche Erfolg schien mir recht zu geben. Dann merkte ich, dass ich an den Bedürfnissen der Menschen vorbeiagierte und viele durch mein Vorgehen verprellte. Das

Ergebnis der Mitarbeiterumfrage war in dieser Hinsicht absolut eindeutig.

Wenn ich mir im Leben viel vormache, falsche Erwartungen hege, dann werde ich auch immer wieder enttäuscht. Gefühle der Enttäuschung schaffen den Raum, den eigenen Anteil an der Misere, die sich gerade zeigt, zu erkennen. Indem ich mich frage:»Worin bestehen die immer wiederkehrenden Enttäuschungen meines Lebens?«, erkenne ich hoffentlich die Verhaltensmuster, die dahinter verborgen liegen. Fehler, die ich wieder und wieder mache, ohne aus ihnen zu lernen. Es lohnt sich, sich die Frage zu stellen: Bringt mich mein Verhalten eigentlich weiter? Oder stolpere ich von einer Enttäuschung in die nächste, weil ich mich wieder und wieder selbst täusche – bewusst oder unbewusst? Weil ich nicht wahrhaben möchte, was ist?

Der Moment, wenn andere mich emotional aus dem Gleichgewicht bringen, ist oft ein Hinweis: Da ist etwas in mir, das noch nicht heil ist. Jemand macht eine eigentlich harmlose Bemerkung, und ich rege mich darüber auf. Oder ich fühle mich in einer bestimmten Situation von einem Menschen nicht genug beachtet – und schon steigt maßlose Wut in mir auf. Aber auch Wut kann mit Selbsterkenntnis einhergehen. Ich weiß inzwischen: In solchen Momenten meldet sich das verletzte innere Kind in mir.

Jeder von uns trägt eine imaginäre Brille. Unser Weltbild färbt die Gläser der Brille ein, durch die wir unser Leben betrachten. Allein wenn wir uns dessen bewusst werden, lernen wir zu verstehen, weshalb wir uns auf eine bestimmte Art und Weise verhalten. Und je mehr wir uns selbst erkennen, je mehr wir verstehen, wieso wir sind, wie wir sind, desto klarer wird unsere Sicht auf die Welt.

Grundbedürfnisse

Die Psychologin Stefanie Stahl benennt in ihrem Bestseller-Buch *Das innere Kind muss Heimat finden* vier psychische Grundbedürfnisse des Menschen, die aus ihrer Sicht der Schlüssel zur Lösung fast aller Probleme sind: das Bedürfnis nach Bindung, das Bedürfnis nach Autonomie und Kontrolle, das Bedürfnis nach Lustbefriedigung bzw. Unlustvermeidung und das Bedürfnis nach Selbstwerterhöhung bzw. Anerkennung. Diese vier wesentlichen Faktoren spielen übrigens auch bei den *Touren des Lebens* eine sehr wichtige Rolle. Das Gefühl:»Ich habe es geschafft« – das bedeutet Anerkennung. Verbundenheit –»Ich gehöre zu einer starken Gemeinschaft, einer besonderen Gruppe von Menschen«. Autonomie –»Ich entscheide, und ich bringe etwas zuwege«. Und all das macht unheimlich viel Spaß!

Von Stefanie Stahl habe ich gelernt, wie wichtig es ist, mich mit meinem inneren Sonnen- und meinem Schattenkind zu beschäftigen. Dann sehe ich, wie tief ich das, was ich durch meine Eltern erlebt und gelernt habe, in mir trage. Einiges war vielleicht lange Zeit über verschüttet. Aber ganz los werde ich es nicht. Ob ich es will oder nicht. Es ist so hilfreich zu verstehen: In mir wohnt ein verletztes Kind. In mir wohnt jemand, der sich nicht rechtzeitig entscheidet. Jemand, der immer wieder zu früh ins Risiko geht – oder viel zu spät. Und es ist hilfreich zu sehen, dass das, was hier in diesem Moment gerade abläuft, immer auch etwas mit meinem inneren Kind zu tun hat.

Mir ist mehr und mehr klar geworden: Der Preis für die Freiheit, die ich als Kind hatte, war, dass ich gleichzeitig das Gefühl hatte:»Ich bin nicht wichtig.« Ein Glaubenssatz, den nicht nur ich, sondern, wie ich inzwischen weiß, sehr viele Menschen unbewusst verinnerlicht haben. Dies führt dazu, dass wir immer wieder versuchen, uns unserer eigenen Bedeutung zu vergewissern, indem wir zum Beispiel endlos arbeiten und uns immer wieder selbst in Szene setzen. Weil wir uns anscheinend nur dann wirklich spüren und uns selbst glauben, dass wir imstande sind, etwas zu leisten und wertvoll zu sein.

Das Empfinden eines kleinen Kindes:»Es gibt anderes, was den Eltern wichtiger ist. Ich bin nicht wichtig«, stellt sich unbewusst ein. Und dieser Glaubenssatz hinterlässt Spuren. Eine andere in der Kindheit gewonnene Überzeugung kann lauten:»Keiner mag mich.« Oder Kinder fragen sich:»Warum muss ich immer allein mit allem fertigwerden? Warum macht man es mir so schwer? Warum habe ich so wenig Freunde?«

Jahre später reagieren wir zutiefst verletzt auf eine eigentlich harmlose Bemerkung eines Kollegen, die mangelnde Wertschätzung durch den Chef und die kritische Rückfrage der Freundin.

Was haben mir meine Eltern, meine Lehrer, meine Freunde eingeredet? All das beeinflusst meine Interpretation der Wirklichkeit. Sich das bewusst zu machen, ist ein wichtiger Schritt zu einem gesunden Selbstbewusstsein. Und es hilft, unser heutiges Handeln zu verstehen. Denn wir merken, dass die inneren Stimmen, die uns zuraunen:»Du kannst das nicht. Du schaffst das nicht«, oftmals bloß Einbildung sind. Dass sie eine Wurzel in frühen Kindheitserfahrungen haben – und keinen Bezug zur heutigen Realität. Ich denke an den jungen Mann, der sich von seinem Vater verlassen fühlt und diesem Vorwürfe macht.

Wie sieht es bei uns aus? Wem geben wir für etwas Schuld und damit Macht über unser Leben? Von wem und warum lassen wir uns etwas einreden? Wie kann es gelingen, dass wir uns aus den Verhaltensmustern, die wir in unserer Kindheit gelernt haben, befreien? Und wie können wir lernen, auf uns selbst und unsere Stärken zu vertrauen?

Wer sich klarmacht, welche inneren Bremser ihn kleinhalten wollen, ist auf einem guten Weg. Denn das Problem zu kennen, ist schon ein Teil der Lösung. Es gibt diesen Satz: »Wir sind, was wir suchen.« Wenn wir darauf achten, was wir *selbst* möchten, was die Sehnsucht unseres Lebens ist – dann können wir uns danach ausrichten.

Bei einem der Aufenthalte im Kloster habe ich für mich erfahren, wie wichtig es ist, dass ich mich verletzbar mache, indem ich Gefühle zeige und Emotionen zulasse. Seitdem bin ich für jede Situation dankbar, die mich aus dem emotionalen Gleichgewicht bringt, und betrachte sie als Chance. Wenn in mir ein Gefühl der Angst vor dem Unerwarteten aufkeimt oder Wut über eine Begebenheit, werte ich das mittlerweile für mich als klares Signal: Ich wachse. Wenn ich Angst habe und sie überwinde, wenn ich wütend bin und mir bewusst werde, warum – dann wachse ich als Mensch.

Berührt sein. Emotional reagieren, Gefühle zulassen – das ist so wichtig für unsere seelische Entwicklung. Ohne diese Erfahrungen wäre ich um viele Erkenntnisse ärmer. Dort, wo die Angst am größten ist, liegt oftmals der größte Schatz verborgen. Indem wir uns unserer Angst stellen, werden wir stärker.

Wunden in Perlen verwandeln

Die christliche Mystikerin Hildegard von Bingen hat vor rund 900 Jahren darüber nachgedacht, wie wir unsere Wunden in Perlen verwandeln können, und festgestellt, dass vor allem eines dafür wichtig ist: sie bei Licht betrachten. Die Kunst des Lebens besteht aus ihrer Sicht darin, sich seinen Verletzungen zu stellen, sie bewusst anzusehen und anzunehmen. Denn dann können wir auch die eigenen Fähigkeiten betrachten, die uns vor dem Hintergrund unserer Lebensgeschichte geschenkt worden sind. Eine Perle entsteht aus der Verletzung der Auster. Diese bildet eine Schale um ein eingedrungenes Sandkorn, damit es ihr keinen Schaden zufügen kann. Für uns sind die Momente, in denen wir uns verletzt fühlen, ein wichtiger Hinweis auf die Frage, wo wir mit unserer persönlichen Entwicklung ansetzen können. An den Stellen, an denen wir uns verletzt fühlen, gibt es etwas zu entdecken. In solchen Situationen ist es wichtig, dass ich mich zunächst, genau wie die Auster, öffne. Dass ich meine raue Schale, die ich selbst und andere mir einreden wollen, aufgebe, wenigstens für den Moment. Wenn wir das wagen, dürfen wir staunen, welch wunderbarer Schatz oftmals hinter dem Schmerz und der Enttäuschung verborgen liegt. Ein Moment der Befreiung!

Jeder Mensch ist frei, zumindest geistig! Aber die wenigsten sind sich ihrer Freiheit bewusst. Oder sie sind noch nicht dafür bereit, den Preis für diese Freiheit zu zahlen. Denn wir bekommen sie nur um den Preis von Verantwortung geschenkt. In dem Moment, in dem ich damit aufhöre, anderen Menschen die Schuld für mein Misslingen zu geben, übernehme ich selbst die Verantwortung für mein Leben.

Viele Menschen wollen von alten Belastungen frei werden, sind aber nicht bereit, anderen das, was sie ihnen angetan haben, nachzusehen. So bleiben sie innerlich gefangen, können sie die Gedanken an die Schuld der anderen nicht loslassen. Zu sagen:»Ich vergebe dir« – das ist so ein wichtiger Schritt! Das gilt auch für unsere Eltern. Auch ihnen müssen wir das vergeben, was sie uns vielleicht unbewusst, trotz allerbester Absicht angetan haben. Und auch das, was sie verpasst haben, uns Gutes zu tun.

Um vergeben zu können, ist es hilfreich, mir zunächst klarzumachen, dass auch ich selbst nicht perfekt bin. Auch dann, wenn ich mein Bestes gebe, wird manches hinter den Erwartungen anderer zurückbleiben, werde ich Menschen enttäuschen. Das gilt für jede und jeden gleichermaßen. Wenn ich mir das klarmache, fällt es mir viel leichter, anderen ihre Schuld nachzusehen. Damit befreie ich mich ein Stück weit aus dem Gefängnis von Vorhaltungen und Wut.

Natürlich ist es schön, wenn ich jemandem sage, dass ich ihm vergebe, und wir uns so aussöhnen können. Aber das ist nicht immer möglich: Vielleicht lebt derjenige nicht mehr oder hält sich weit entfernt auf. Vielleicht ist ihm seine Schuld auch gar nicht bewusst, und er hat kein Interesse an einer Aussöhnung. Dann ist es wichtig zu wissen, dass ich Vergebung auch für mich praktizieren kann. Dass ich den anderen von seinem Vergehen lossprechen kann, selbst wenn er das nicht für sich annimmt. Wenn er die Sache noch weiter mit sich herumtragen will, ist das schade, aber es ist seine Entscheidung. Für mich kann ich entscheiden, dass ich das nicht mehr möchte.

Erst in dem Moment, in dem ich damit aufhöre, anderen Menschen die Schuld für mein Unglücklichsein zu geben, und Verantwortung übernehme, beginnt mein wirkliches Leben.

Dazu braucht es Ehrlichkeit sich selbst gegenüber und Klarheit in den Entscheidungen, die anstehen. Es ist gut, sich mit dem, was ist und was war, zu versöhnen und es anzunehmen; ändern kann ich es sowieso nicht mehr. Ich bin der festen Überzeugung, dass alles, was im Leben passiert – egal, was es ist –, irgendwann für irgendetwas gut sein wird. Und dass uns all das, was bisher geschehen ist, auf das vorbereitet, was noch auf uns zukommt.

Oftmals hält mich ein einziger negativer Gedanke gefangen. Sich davon zu befreien – das ist es, worauf es ankommt. Es gibt sehr viele Möglichkeiten, sich von bestimmten Gedanken zu befreien. Mir hilft es zum Beispiel, wenn ich an eines der wenigen Volkslieder denke, an die ich mich noch aus meiner Grundschulzeit erinnern kann:»Die Gedanken sind frei ...« Noch heute sehe ich mich vor meinem inneren Auge im Kreise meiner Mitschüler lauthals singen.

Wie kannst du solche negativen Gefühle überwinden? Wie kannst du dich aus der emotionalen Gefangenschaft deiner Gedanken befreien? Was sind deine heilenden Bilder? Wem kannst du dich anvertrauen, wenn du Sorgen hast? Welcher Mensch in deinem Umfeld hat ein ehrliches Interesse daran, dass es dir gut geht? Für wen bist du wichtig? Bedenke dabei: Deine Gedanken sind immer nur deine persönliche Interpretation der Dinge! Sie wird von dem beeinflusst, was dir andere Menschen eingeredet haben oder was du persönlich erlebt hast. Aber letztlich gibt es nur einen Menschen, der für seine Gedanken verantwortlich ist. Und das bist du!

Manchmal gelingt es nur mit Unterstützung von außen, mithilfe eines Seelsorgers, eines Psychologen oder einer Therapeutin, die notwendigen Schritte auf dem Weg in ein anderes Leben zu gehen. Und es ist wichtig, sich diese Unterstützung auch zu suchen, wenn man sie braucht. Das habe ich selbst so erfahren. Was mir geholfen hat? Nach und nach ist mir bewusst geworden: Es ist meine Entscheidung, wie ich eine Situation im Rückblick betrachte und bewerte. So habe ich mich gefragt: Hatte ich in meiner Kindheit diesen großen Freiraum vielleicht vor allem deshalb, weil meine Eltern mir einfach total vertraut haben?

Mit wem möchtest du dich noch aussöhnen? An welcher Stelle möchtest du andere aus der Verantwortung entlassen und endlich selbst das Steuer übernehmen? Vielleicht ist momentan noch nicht der richtige Zeitpunkt dafür gekommen. Aber irgendwann – da bin ich mir sicher – wird es so weit sein.

Wer führt, darf keine Schwäche zeigen?

Als Führungskraft ist es hierzulande eigentlich nicht angesagt, Gefühle zu zeigen. Das hängt vielleicht auch mit den inneren Glaubenssätzen der Nachkriegsgeneration, unseren Eltern, zusammen. »Wer führt, darf keine Schwäche zeigen« – ein solcher Satz ist vermutlich in einer Zeit entstanden, in der dieses Verhalten überlebensnotwendig war. Solch eine Erfahrung sitzt tief und vererbt sich oft von Generation zu Generation. So dachte auch ich früher, mir Emotionen im Rahmen meiner Führungsaufgabe komplett verbieten zu müssen. Heute weiß ich, dass dies ohnehin nicht funktioniert – irgendwann kommt alles an die Oberfläche. Und oft sind gerade diejenigen am stärksten, die bereit sind, auch einmal Schwäche zu zeigen, die sich und anderen Fehler eingestehen können.

Vor einiger Zeit habe ich mit Hauke, dem Direktor unseres Hotels auf Föhr, gesprochen, der kurz davor stand, eine fünfwöchige Reha-Maßnahme anzutreten. Es war an der Zeit, dass er sich erholt, weil ein extrem anstrengendes Jahr mit zahlreichen Herausforderungen hinter ihm lag. Seinen Job hatte er brillant gemacht und vor Ort ein wunderbares Team entwickelt. Aber vieles Unerwartete hatte ihn über alle Maßen gefordert und aus dem inneren Gleichgewicht gebracht. Nun brauchte er eine Auszeit. Es hat mich glücklich gemacht, dass dieser Mensch vor seinem Team und vor mir gesagt hat: »Ich muss für mich sorgen, um weiterhin für euch sorgen zu können. Ich brauche Abstand und Ruhe.«

27 | INS LICHT TRETEN

Vor einiger Zeit war ich mit einem Mitarbeiter unterwegs. Tobi ist 22 Jahre alt und arbeitet eigentlich im Service. Er hat die Chance wahrgenommen, mich eine Woche zu begleiten, während ich als Geschäftsführer Termine wahrgenommen habe. Wir sind zusammen viel unterwegs gewesen, haben zahlreiche Veranstaltungen gemeinsam absolviert und uns dabei auch persönlich kennengelernt.

Tobi hatte eine krasse Kindheit: Aufgewachsen ist er im Waisenhaus, er hat Drogen genommen und im Gefängnis gesessen. Das zu hören, war für mich richtig heftig.

In Regensburg habe ich in dieser Woche gemeinsam mit Alexander Batthyány, dem Inhaber des Lehrstuhls von Victor Frankl, einen Vortrag vor 300 Unternehmern gehalten. Nach dem Vortrag gab es eine besondere Form einer Gesprächsrunde, eine sogenannte Fish-Bowl. Alle saßen im Kreis um die Vortragenden. Fünf Stühle in der Mitte, drum herum 300 Unternehmer aus Bayern.

Ich habe Tobi vorher gesagt:»Wenn du mit mir unterwegs bist, machst du einfach überall mit. Es kann dir nichts passieren.« So bat ich ihn nun, in die Mitte des Kreises zu kommen, gemeinsam mit Alexander Batthyány, einer Logotherapeutin, einem Unternehmer und mir.

Das Gespräch begann, wechselseitig beantworteten wir die Fragen der Teilnehmerinnen und Teilnehmer.

Dann trat ein Unternehmer zu uns in den Kreis und sprach Tobi an:»Ich wende mich mit meiner Frage nicht an die Experten, sondern ich möchte Sie fragen: Was haben Sie in den letzten Tagen erlebt, was mit dem im Zusammenhang steht, über

209

das wir hier gerade sprechen?« Tobi antwortete:»Das ist ganz einfach. Ich bin jetzt vier Tage mit Bodo Janssen unterwegs, und ich habe in den Gesprächen und bei den Terminen viel mehr über mich selbst erfahren, als ich je gedacht hätte.«

Tobi sprach ganz souverän vor vielen Hundert Teilnehmerinnen und Teilnehmern und kam nach dem Ende der Veranstaltung mit feuchten Augen auf mich zu:»Bodo, weißt du – früher in der Schule bin ich zwei oder drei Mal vom Lehrer vor versammelter Mannschaft zurechtgewiesen worden. Seitdem hatte ich Angst, vor vielen Menschen zu sprechen. Und nun bin ich gerade vor 300 wildfremden Menschen aufgetreten! Und es war kein Problem für mich. Eine wirklich gute Erfahrung! Dafür bin ich dir dankbar!«

Dem Leben vertrauen

Wir dürfen ins Licht treten. Dazu lädt dich dieses Buch ein. In den Geschichten, die ich mit dir geteilt habe, ist hoffentlich deutlich geworden, worum es geht: Das Leben ist und bleibt ein großes Abenteuer, es gibt kein Netz und keinen doppelten Boden. Wenn wir wachsen wollen, müssen wir manche alte Gewissheit und viele Sicherheiten hinter uns lassen. Aber es lohnt sich. Denn es gibt so viel zu entdecken!

Achte auf deine Gefühle und frage dich, was dich zurückhält, das eine oder andere zu wagen. Warte nicht auf eine bessere Zukunft, denn das Leben findet hier und jetzt statt. Und es wartet auf dich. Du hast jeden Tag wieder eine Chance, das Beste daraus zu machen!

Nutze deine Begabungen, beschäftige dich mit der Frage, wer du bist und was du willst. Finde den Sinn deines Lebens – und auch den des Augenblicks. Suche nach klugen Antworten auf die Fragen, die dir das Leben täglich stellt. Wie begegne ich dieser Situation am besten? Worauf kommt es jetzt, in diesem Moment, wirklich an? Welche der Möglichkeiten, die sich mir bieten, ist die sinnvollste? Aus welcher guten Sache kann durch mich Wirklichkeit werden? Und bedenke bei alldem: Die Zeit deines Lebens ist ein Geschenk. Und im Leben geht es nicht nur darum, gute Karten zu haben, sondern auch mit einem schlechten Blatt gut zu spielen. Du hast es in der Hand!

Ganz persönlich weiß ich mich getragen vom Glauben an einen großen Gott, der alles und alle in seiner Hand hält – weil er uns bedingungslos liebt. Der christliche Glaube ist für mich eine Einladung in die Freiheit. Und wenn ich das Leuchten in den Augen der Menschen sehe, dann bin ich einfach glücklich! Dann weiß ich, wofür ich heute morgen aufgestanden bin!

MARIE // Unterwegs habe ich Tagebuch geschrieben, das hatte ich vorher noch nie getan. Jetzt blättere ich darin. Es bleiben so unfassbar viele Erinnerungen. An schwierige Momente: die Härte des Aufstiegs, die Übelkeit und Atemnot. Aber auch an all das Schöne: das Tanzen im Regen, die Lieder, die schier grenzenlose Freundlichkeit der Afrikaner, unsere Gemeinschaft. Den Nebel im Tal, den endlosen Regen, den Wind, den Schnee und das Eis, die Sonne auf dem Gipfel. Und es bleibt die Frage: Wie habe ich das eigentlich alles geschafft? Wie haben wir das nur zusammen hinbekommen?

Ich habe auf unserer Tour so viel gelernt. Wie allumfassend das Leben sein kann. Und über den Umgang mit ungeplanten Situationen und zahlreichen Widrigkeiten. Wenn du jeden Tag weiter aufsteigst und irgendwann ganz oben auf dem Gipfel stehst, dann beschäftigst du dich auf eine Art und Weise mit dir selbst, wie du es sonst niemals tun würdest. Mitunter braucht es im Leben Stolpersteine und Herausforderungen. Denn dadurch, dass wir sie überwinden, wachsen wir. Das Behütetsein bringt es auf Dauer nicht.

Die Tour hat mich auf eine ganz neue Art stark gemacht. Dabei geht es nicht nur um den sportlichen Aspekt. Ja, ich habe viel trainiert. Aber ich habe auch erfahren: Ein gesunder Geist lebt gerne in einem gesunden Körper.

Von Anfang an hatte ich eine unheimlich hohe Erwartung an mich. Das ist für mich generell ein großes Thema: den Erwartungen anderer und meinen persönlichen Ansprüchen zu genügen. Ich wollte bis ganz nach oben kommen, um gewissen Leuten in meinem Umfeld etwas zu beweisen und ihnen zu zeigen, dass ihre Meinung über mich falsch ist. Dass die Annahmen, die sie haben, nicht stimmen. Dass ich durchaus in der Lage bin, Großes zu vollbringen! Damals war ich noch ziemlich jung. Und die Fragen, die ich hatte, die Unsicherheit, spielten bis dato immer wieder eine Rolle in meinem Leben.

Meine Mutter hat mich immer unterstützt. Sie ist eine große Mutmacherin, die mir damals, als ich aus Kühlungsborn vom Treffen mit Hubert Schwarz und Bodo Janssen zurückkam und erzählte, dass wir uns bewerben können, um mit nach Afrika zu kommen, sagte: Weißt du eigentlich, was das für eine Chance ist – was dir da gerade angeboten wird? Ergreife sie!

Am Ende hat sich viel mehr entwickelt, als ich erwartet habe. Die Tour war ein Anstoß, den nächsten Schritt zu wagen. Ganz viel hat sich für mich erst im Nachhinein entwickelt. Und ich weiß von den anderen, dass es bei ihnen auch so war. Marie-Charleen war auf der Tour echt ein Stehaufmännchen. Wie sie zusammengebrochen ist, das war heftig. Und wie sie kurz darauf aufgestanden und weitergegangen ist, das hat uns alle umgehauen.

Dass wir es gemeinsam bis auf den Gipfel geschafft haben, hat unheimlich viel Rückenwind gegeben. Und die Gemeinschaft, die unter uns entstanden ist, geht weit über das hinaus, was normalerweise ein Team aus Mitarbeitern in Unternehmen verbindet. Auch heute, Jahre später, fühlen wir uns einander verbunden, obwohl die meisten aus der Gruppe längst woanders arbeiten.

Als ich von der Tour zurück in den Betrieb kam, nahm mich der Direktor zur Seite und sagte:»Unglaublich, was du geschafft hast.« Und als der Film über die Kilimandscharo-Tour vor den versammelten Mitarbeitern gezeigt wurde und am Ende alle Teilnehmer auf der Bühne standen, haben sich die Führungskräfte erhoben – als Zeichen der Wertschätzung.

Was ich von der Tour des Lebens mitgenommen habe, ist unheimlich vielschichtig: Zum Beispiel geht es darum, zu wissen, dass ich nicht immer diejenige sein muss, die etwas anleitet und sich für andere verausgabt. Wie schön es ist, sich fallen lassen zu können und zu wissen, ich werde aufgefangen, wenn ich auf die Hilfe anderer angewiesen bin. Oder wie wunderbar es ist, einen Love-Letter zu bekommen, in dem mir viele Menschen schreiben, was sie an mir besonders schätzen. Was ich dabei über mich erfahren habe, war unglaublich schön. In diesem Moment konnte ich richtig auftanken.

Wenn dir jemand sagt:»Wenn es einer schaffen kann, dann du« – das gibt dir Rückenwind.

Ganz anders wäre es, wenn er sagen würde:»Oh, da bin ich mir nicht sicher, ob du das hinbringst.« Und diese Erfahrung gebe ich weiter, wenn ich heute bei meinen Vorträgen die Zuhörer darum bitte, ihrem Nachbarn Fragen zu stellen. Zum Beispiel: Was sind deine Stärken? Welche Werte sind dir wichtig? Und am Ende dem anderen etwas Wertschätzendes zu sagen.

Als wir wieder zu Hause waren, hat Bodo mich angesprochen, ob ich nicht mit ihm gemeinsam anderen Menschen über den Upstalsboom-Weg berichten möchte. Immer mehr Menschen interessierten sich dafür, wie es gelingen kann, ein Unternehmen derart umzukrempeln und mit Sinn zu erfüllen. Oft bekommen wir sehr persönliche Schreiben von Menschen, die von der Idee fasziniert sind, es so zu machen wie wir. Und außer Bodo gab es zu dieser Zeit niemanden im Unternehmen, der sich darum kümmern konnte.

Die letzten Jahre sind eine Abfolge bewegender Erlebnisse: Gemeinsam mit zwei Kolleginnen habe ich einen neuen Bereich aufgebaut, um Menschen an unsere Upstalsboom-Erlebnissen teilhaben zu lassen. Ein echtes Start-up-Projekt. Dass ich dabei sein darf, ist unglaublich! Ich spreche auf Konferenzen und Veranstaltungen, in Hörsälen von Universitäten und Hochschulen, vor Unternehmern und Pädagogen und stehe auf einer Bühne, machmal vor Hunderten von Menschen. Ich werde öfters gefragt, ob ich einen Rhetorikkurs besucht habe – oder weshalb ich so gut reden kann. Dann lächle ich nur und sage: Es war das Leben, das mich geschult hat. Die Kilimandscharo-Tour hat die anderen und mich tatsächlich auf ein mutiges, kraftvolles Leben vorbereitet.

Natürlich habe ich in verschiedenen Situationen immer noch Herzrasen, aber ich versuche dann, mich zu fragen: Ist dies wirklich etwas, was dich aus der Ruhe bringen kann? Etwas, was du nicht bewältigen kannst? Und dann denke ich: Wenn du schon so etwas Herausragendes wie die Tour des Lebens geschafft hast, schaffst du das auch. Zumindest erscheint es dann machbarer. Uns wurde vertraut, ohne dass Bodo uns wirklich kannte. Wenn ich anderen Menschen davon erzähle, sind viele tief berührt. Und fast jeder erkennt sich ein Stück weit darin selbst wieder.

Immer wieder führe ich mit Bodo richtig gute, tief gehende Gespräche über verschiedene Lebensfragen. Das klingt für Außenstehende sicher komisch, denn schließlich ist er mein Chef. Aber wir haben über die Jahre einfach zu einem unglaublich schönen Miteinander gefunden.

Ich habe mit Kirche und Glauben nicht viel am Hut. Aber aus der Welt, die mir Bodo eröffnet, nehme ich das mit, was für mich relevant ist. In der Benediktsregel lese ich:»Der Hörende ist der Liebende« – da kann ich total mitgehen.

Bodo, du hast mir vor einigen Jahren nach unserer Tour ein Holzstück geschenkt. Darauf stand ein Zitat von Henry Ford:»Whether you think you can, or you think you can't – you're right.«»Ob du glaubst, dass du es schaffst, oder ob du glaubst, dass du es nicht schaffst – du hast recht.«

Da wusste ich, was ich tun muss.

EPILOG | LET IT SHINE!

MARIE // Einige Zeit nach der Tour bekomme ich tatsächlich einen Umschlag, in dem ein Brief an mich liegt. Es ist der Love-Letter, über den wir zuletzt auf dem Rückflug sprachen. Zusammengestellt aus den einzelnen Beiträgen der Teilnehmer:

Liebe Marie,

während unserer Tour des Lebens auf den Kilimandscharo durften wir viele deiner Stärken, Talente und einzigartigen Eigenschaften entdecken: Du bist einfach ein Sonnenschein, eine Optimistin und Mutmacherin, immer aufmerksam, offenherzig und zuvorkommend. Ein Gute-Laune-Mensch (und das zu jeder Zeit). Aufmunternd, einfühlsam, herzlich. Du bist wahnsinnig positiv, hast eine echte Wohlfühlaura und etwas wunderbar Natürliches.

Deine freundliche Art und Herzlichkeit sind ansteckend. Du bist eine fürsorgliche, gute Zuhörerin und Gesprächspartnerin, und du teilst gerne.

Auch wenn es dir selbst schlecht ging, hast du andere immer wieder aufgepäppelt. Du kümmerst dich gerne um andere, fühlst dich für sie verantwortlich und willst, dass es ihnen gut geht. Mit deiner guten Laune bist du eine Bereicherung für das ganze Team. Immer gut organisiert, immer fröhlich.

Willensstärke, Biss und Ausdauer zeichnen dich aus. Am Berg hast du richtig stark gekämpft und bist über dich hinausgewachsen. Du hast ein enormes Durchhaltevermögen, bist zielstrebig und gleichzeitig hilfsbereit. Eine Frau, in deren Begegnung mit anderen Menschen eine bedingungslose Liebe mitschwingt. Ein großartiges Vorbild. Wenn es mehr Menschen mit deinem Wesen auf der Welt gäbe, dann würde die Welt lächeln. Danke, dass es dich gibt.

Deine Kili-Rockstars

ZWÖLF IMPULSE
FÜR DEINE PERSÖNLICHE REISE
ZU EINEM SELBSTBEWUSSTEREN LEBEN

1. »Ich bin wertvoll, und es ist wichtig, dass es mich gibt.« Schreibe dir diesen Satz auf ein kleines Kärtchen und lies ihn jeden Tag.

2. Sei dir sicher, es gibt immer wieder Momente in deinem Leben, in denen es ganz besonders darauf ankommt, dass du da bist.

3. In dir steckt viel mehr, als du bisher glaubst. Schrecke deshalb nicht zurück, wenn du etwas Ungewohntes tun sollst. Du kannst es! Entscheide einfach, etwas zu wagen!

4. Leben heißt Veränderung. Nutze die Chancen, die sich dir bieten.

5. Positive Gedanken bringen dich weiter. Schöne Erinnerungen tragen dich durch trübe Tage. Lächle, statt zu beklagen, was alles nicht gelingt.

6. Du kannst dir sicher sein: Weder das Lob noch die Kritik anderer ändern etwas an deinem Wert.

7. Schuldzuweisungen helfen nicht weiter. Erst wenn du anderen verzeihst, kannst du Frieden finden. Verzeih dir auch selbst deine eigenen Schwächen und Fehler.

8. Gönne anderen, was sie besitzen. Und sei dankbar dafür, dass du nicht viel benötigst, um glücklich zu sein.

9. Frage dich von Zeit zu Zeit: Wem will ich Macht über mein Wohlbefinden geben?

10. Stelle dir in schwierigen Situationen die Frage: Was wird mir dadurch möglich? Du darfst sicher sein: Mit den Herausforderungen wächst deine innere Stärke.

11. Es ist so wichtig zu wissen: Du darfst Gefühle zeigen!

12. Vertrau dir selbst und deiner Intuition – dann schaffst du (fast) alles! Wenn du an dich glaubst, wächst du über dich hinaus.

Am Lagerfeuer in der norwegischen Wildnis, nahe Trondheim

QUELLENNACHWEIS

1 Interview mit Gerald Hüther, »So lernen Kinder«; www.spielundzukunft.de,
Rubrik: Kind sein/Entwicklung/Seelische Entwicklung, zuletzt abgerufen am
29. Mai 2020, mit freundlicher Genehmigung

2 Volker Königskrämer, »Wir alle wollen in Würde sterben, aber lasst uns
doch erstmal in Würde leben«, Interview mit Gerald Hüther, www.stern.de,
26. Mai 2018, zuletzt abgerufen am 29. Mai 2020

3 Nach: Richard Rohr, Pure Präsenz – Sehen lernen wie die Mystiker,
Claudius Verlag, München 2010, S. 30

4 Otto Zsok und Nadja Palombo: Sinnzentrierte Psychotherapie nach
Viktor E. Frankl. Kerngedanken der Logotherapie und Existenzanalyse.
Informationen über eine gemeinnützige Einrichtung. Profil und Curriculum.
Edition: Süddeutsches Institut für Logotherapie und Existenzanalyse.
Fürstenfeldbruck 2020, S. 11.

Bodo Janssen, Jahrgang 1974, verheiratet, drei Kinder, gründete bereits während seines Studiums ein Unternehmen im Sport- und Freizeitbereich. Später folgte der Einstieg in das elterliche Unternehmen Upstalsboom (Hotels und Ferienwohnungen). Seine Vision von glücklichen Menschen inspiriert ihn, die Erfahrungen seiner Erfolge, aber auch seiner Misserfolge, mit vielen Menschen zu teilen. Er bewegt sich im Spannungsfeld von Spiritualität, Wissenschaft und Wirtschaftlichkeit und hat für seine Arbeit zahlreiche Auszeichnungen erhalten.

Mehr Informationen: www.der-upstalsboom-weg.de

Besuchen Sie uns im Internet:
www.bene-verlag.de

Aus Verantwortung für die Umwelt hat sich die Verlagsgruppe Droemer Knaur
zu einer nachhaltigen Buchproduktion verpflichtet. Der bewusste Umgang mit
unseren Ressourcen, der Schutz unseres Klimas und der Natur gehören zu
unseren obersten Unternehmenszielen.

Gemeinsam mit unseren Partnern und Lieferanten setzen wir uns für eine
klimaneutrale Buchproduktion ein, die den Erwerb von Klimazertifikaten zur
Kompensation des CO_2-Ausstoßes einschließt.

Weitere Informationen finden Sie unter: www.klimaneutralerverlag.de

Originalausgabe September 2020
© 2020 bene! Verlag
Ein Imprint der Verlagsgruppe
Droemer Knaur GmbH & Co. KG, München

Beratung: Stefan Linde
Konzept und Textgestaltung: Stefan Wiesner
Lektorat: Nicolas Koch und Gudrun Webel
Covergestaltung: Gute Botschafter GmbH, www.gute-botschafter.de
Innengestaltung: Maike Michel
Alle Bilder im Innenteil: Bodo Janssen
Druck und Bindung: CPI books GmbH, Leck
ISBN 978-3-96340-149-7

5 4 3 2